环境保护税法知识问答

《环境保护税法知识问答》编写组 编

中国财经出版传媒集团
中国财政经济出版社

图书在版编目（CIP）数据

环境保护税法知识问答/《环境保护税法知识问答》编写组编. —北京：中国财政经济出版社，2017.5

ISBN 978-7-5095-7486-7

Ⅰ.①环… Ⅱ.①环… Ⅲ.①环境税-税法-中国-问题解答 Ⅳ.①D922.229.5

中国版本图书馆CIP数据核字(2017)第104442号

责任编辑：赵 力 吕小军　　　　责任校对：黄亚青

封面设计：思梵星尚

中国财政经济出版社 出版

URL：http://www.cfeph.cn

E-mail：cfeph@cfeph.cn

社址：北京市海淀区阜成路甲28号 邮政编码：100142

营销中心电话：88190406 北京财经书店电话：64033436 84041336

北京财经印刷厂印刷 各地新华书店经销

880×1230毫米 32开 4.25印张 56 000字

2017年5月第1版 2017年5月北京第1次印刷

定价：20.00元

ISBN 978-7-5095-7486-7

（图书出现印装问题，本社负责调换）

本社质量投诉电话：010-88190744

打击盗版举报热线：010-88190414 QQ：447268889

前言

2016年12月25日，第十二届全国人大常务委员会第二十五次会议审议通过了《中华人民共和国环境保护税法》（以下简称《环境保护税法》）。同日，国家主席习近平签署第61号主席令予以公布，自2018年1月1日起施行。

“推动环境保护费改税”、“用严格的法律制度保护生态环境”，是党的十八届三中、四中全会提出的一项重要任务，是推进绿色发展和生态文明建设的重要举措，也是落实税收法定原则的重要内容。《环境保护税法》以排污收费制度为基础进行税制设计，实现收费向征税制度的平稳转换。该法共五章二十八条，对环境保护税的纳税人、课税对象、计税依据、税收减免、征收管理等作出了具体规定。《环境保护税法》的颁布实施对我国保护和改善环境、减少污染物排放、推进生态文明建设具有重要的意义。

为便于财政、税务、环保部门工作人员和广大纳税人更好地理解、掌握《环境保护税法》的规定，推动《环境保护税法》的有效实施，财政部、税务总局、环境保护部等部门参与起草《环境保护税法》的人员，结合税法起草过程中的实际情况，编写了这本《环境保护税法知识问答》手册，该手册分为五个部分，一是《环境保护税法》及税法草案说明；二是《环境保护税法》相关问题解答；三是环境保护税国际经验简介；四是我国环境保护相关制度建设情况；五是附录。手册除对《环境保护税法》的起草背景和基本情况等进行介绍外，还对税法涉及的主要问题进行了较全面、详细、深入的解读，希望对广大读者掌握《环境保护税法》知识有所裨益。

参加本书编写人员有：王建凡、张天犁、徐

涛、魏岩、李庆生、杨天宇、蒋胜林（财政部）；蔡自力、练奇峰、孙群、郑刚、薛明兵、陈燕、张艳超、李海鱼（税务总局）；别涛、杨子江、燕娥、王玉宏、王晓密（环境保护部）。由于编者水平有限，手册中难免有不妥之处，敬请批评指正。

编者

2017 年 4 月

目录

一、《环境保护税法》及税法草案说明 / 1
中华人民共和国环境保护税法 / 3
关于《中华人民共和国环境保护税法（草案）》的说明 / 19
二、《环境保护税法》相关问题解答 / 27
1. 为什么要实行环境保护费改税？ / 29
2. 我国开征环境保护税有何重要意义？ / 30
3. 环境保护费改税的总体思路是什么？ / 31
4. 为什么将法律名称定为《环境保护税法》？ / 33
5. 环境保护税的纳税人有哪些？ / 34
6. 税法规定哪两种情形不缴纳环境保护税？ / 34
7. 为什么不将排放生活污水和垃圾的居民个人作为纳税人？ / 35
8. 环境保护税的征收对象是什么？ / 36

9. 为什么不对塑料薄膜、含磷洗衣粉、电池等污染型产品征收环境保护税？ / 37
10. 为什么不对二氧化碳排放征税？ / 38
11. 为什么不对建筑施工噪声、交通噪声征税？ / 39
12. 为什么不对挥发性有机物排放征税？ / 39
13. 大气污染物、水污染物、固体废物、噪声的计税依据是什么？ / 40
14. 污染物排放量的监测难度大，为什么不按资源使用量（如用水量）或产品销售收入征收环境保护税？ / 41
15. 为什么对超标和达标排放的大气、水污染物都要征收环境保护税？ / 42
16. 为什么对超标排放的污染物不加倍征税？ / 43
17. 污染物排放量的计算方法比较复杂，实践中如何操作？ / 44
18. 为什么只对每一排放口应税大气、水污染物污染当量数排在前 3 项或前 5 项的污染物征税？ / 45
19. 环境保护税的税率是如何确定的？ / 46
20.《环境保护税法》规定了哪些暂予免税情形？ / 47
21. 为什么对农业生产排放的污染物暂免征税？ / 48

22. 为什么对规模化养殖排放的污染物不予免税？ / 49
23. 为什么对机动车等移动污染源排放的污染物暂予免税？ / 50
24. 为什么对城乡污水、生活垃圾集中处理场所达标排放的污染物暂予免税？ / 51
25. 为什么对工业污水集中处理场所达标排放的污染物不予免税？ / 51
26. 为什么按纳税人排污浓度值不同设置两档减税政策？ / 52
27. 环境保护税如何征管，税务机关与环保部门如何建立协作机制？ / 53
28. 环境保护税征管涉及税务、环保两个部门，如果发生征纳税争议，纳税人行政复议或诉讼对象是谁？ / 54
29. 为什么《环境保护税法》对纳税人和税务机关、环保部门违法责任没有作出细化规定？ / 55
30. 目前一些地区实施了排污权有偿使用和交易制度，开征环境保护税后，是否继续收取排污权使用费？ / 57
31. 环境保护费改税后，收入归属哪一级政府？如何保障污染治理和环境保护的投入？ / 58
32. 环境保护费改税后会不会加重企业负担？ / 59

33.《环境保护税法》从 2018 年 1 月 1 日起实施，在实施前还需要做哪些工作？ / 60
三、环境保护税国际经验简介 / 61
（一）国外环境税概况 / 63
（二）国外对污染物排放征税的一般做法 / 64
（三）主要国家环境保护税制度 / 66
四、我国环境保护相关制度建设情况 / 71
（一）排污费征收制度 / 73
（二）排污许可证管理制度 / 75
（三）排污权交易制度 / 76
（四）挥发性有机物排污收费制度 / 78
五、附录 / 79
中华人民共和国税收征收管理法 / 81
中华人民共和国环境保护法 / 107

一、

《环境保护税法》及税法草案说明

中华人民共和国环境保护税法

（2016 年 12 月 25 日第十二届全国人民代表大会常务委员会第二十五次会议通过）

第一章 总 则

第一条 为了保护和改善环境，减少污染物排放，推进生态文明建设，制定本法。

第二条 在中华人民共和国领域和中华人民共和国管辖的其他海域，直接向环境排放应税污染物的企业事业单位和其他生产经营者为环境保护税的纳税人，应当依照本法规定缴纳环境保护税。

第三条 本法所称应税污染物，是指本法所附《环境保护税税目税额表》、《应税污染物和当量值表》规定的大气污染物、水污染物、固体废物和噪声。

第四条 有下列情形之一的，不属于直接向环境排放污染物，不缴纳相应污染物的环境保护税：

（一）企业事业单位和其他生产经营者向依法设立的污水集中处理、生活垃圾集中处理场所排放应税污染物的；

（二）企业事业单位和其他生产经营者在符合国家和地方环境保护标准的设施、场所贮存或者处置固体废物的。

第五条 依法设立的城乡污水集中处理、生活垃圾集中处理场所超过国家和地方规定的排放标准向环境排放应税污染物的，应当缴纳环境保护税。

企业事业单位和其他生产经营者贮存或者处置固体废物不符合国家和地方环境保护标准的，应当缴纳环境保护税。

第六条 环境保护税的税目、税额，依照本法所附《环境保护税税目税额表》执行。

应税大气污染物和水污染物的具体适用税额的确定和调整，由省、自治区、直辖市人民政府统筹考虑本地区环境承载能力、污染物排放现状和经济社会生态发展目标要求，在本法所附《环境保护税税目税额表》规定的税额幅度内提出，报同级人民代表大会常务委员会决定，并报全国人民代表大会常务委员会和国务院备案。

第二章 计税依据和应纳税额

第七条 应税污染物的计税依据，按照下列方法确定：

（一）应税大气污染物按照污染物排放量折合的污染当量数确定；

（二）应税水污染物按照污染物排放量折合的污染当量数确定；

（三）应税固体废物按照固体废物的排放量确定；

（四）应税噪声按照超过国家规定标准的分贝数确定。

第八条 应税大气污染物、水污染物的污染当量数，以该污染物的排放量除以该污染物的污染当量值计算。每种应税大气污染物、水污染物的具体污染当量值，依照本法所附《应税污染物和当量值表》执行。

第九条 每一排放口或者没有排放口的应税大气污染物，按照污染当量数从大到小排序，对前三项污染物征收环境保护税。

每一排放口的应税水污染物，按照本法所附《应税污染物和当量值表》，区分第一类水污染物和其他类水污染物，按照污染当量数从大到小排序，对第一类水污染物按照前五项征收环境保护税，对其他类水污染物按照前三项征收环境保护税。

省、自治区、直辖市人民政府根据本地区污染物减排的特殊需要，可以增加同一排放口征收环境保护税的应税污染物项目数，报同级人民代表大会常务委员会决定，并报全国人民代表大会常务委员会和国务院备案。

第十条 应税大气污染物、水污染物、固体废物的排放量和噪声的分贝数，按照下列方法和顺序计算：

（一）纳税人安装使用符合国家规定和监测规范的污染物自动监测设备的，按照污染物自动监测数据计算；

（二）纳税人未安装使用污染物自动监测设备的，按照监测机构出具的符合国家有关规定和监测规范的监测数据计算；

（三）因排放污染物种类多等原因不具备监测条件的，按照国务院环境保护主管部门规定的排污系数、物料衡算方法计算；

（四）不能按照本条第一项至第三项规定的方法计算的，按照省、自治区、直辖市人民政府环境保护主管部门规定的抽样测算的方法核定计算。

第十一条 环境保护税应纳税额按照下列方法计算：

（一）应税大气污染物的应纳税额为污染当量数乘以具体适用税额；

（二）应税水污染物的应纳税额为污染当量数乘以具体适用税额；

（三）应税固体废物的应纳税额为固体废物排放量乘以具体适用税额；

（四）应税噪声的应纳税额为超过国家规定标准的分贝数对应的具体适用税额。

第三章 税收减免

第十二条 下列情形，暂予免征环境保护税：

（一）农业生产（不包括规模化养殖）排放应税污染物的；

（二）机动车、铁路机车、非道路移动机械、船舶和航空器等流动污染源排放应税污染物的；

（三）依法设立的城乡污水集中处理、生活垃圾集中处理场所排放相应应税污染物，不超过国家和地方规定的排放标准的；

（四）纳税人综合利用的固体废物，符合国家和地方环境保护标准的；

（五）国务院批准免税的其他情形。

前款第五项免税规定，由国务院报全国人民代表大会常务委员会备案。

第十三条 纳税人排放应税大气污染物或者水污染物的浓度值低于国家和地方规定的污染物排放标准百分之三十的，减按百分之七十五征收环境保护税。纳税人排放应税大气污染物或者水污染物的浓度值低于国家和地方规定的污染物排放标准百分之五十的，减按百分之五十征收环境保护税。

第四章　征收管理

第十四条　环境保护税由税务机关依照《中华人民共和国税收征收管理法》和本法的有关规定征收管理。

环境保护主管部门依照本法和有关环境保护法律法规的规定负责对污染物的监测管理。

县级以上地方人民政府应当建立税务机关、环境保护主管部门和其他相关单位分工协作工作机制，加强环境保护税征收管理，保障税款及时足额入库。

第十五条　环境保护主管部门和税务机关应当建立涉税信息共享平台和工作配合机制。

环境保护主管部门应当将排污单位的排污许可、污染物排放数据、环境违法和受行政处罚情况等环境保护相关信息，定期交送税务机关。

税务机关应当将纳税人的纳税申报、税款入库、减免税额、欠缴税款以及风险疑点等环境保护税涉税信息，定期交送环境保护主管部门。

第十六条　纳税义务发生时间为纳税人排放应税污染物的当日。

第十七条 纳税人应当向应税污染物排放地的税务机关申报缴纳环境保护税。

第十八条 环境保护税按月计算，按季申报缴纳。不能按固定期限计算缴纳的，可以按次申报缴纳。

纳税人申报缴纳时，应当向税务机关报送所排放应税污染物的种类、数量，大气污染物、水污染物的浓度值，以及税务机关根据实际需要要求纳税人报送的其他纳税资料。

第十九条 纳税人按季申报缴纳的，应当自季度终了之日起十五日内，向税务机关办理纳税申报并缴纳税款。纳税人按次申报缴纳的，应当自纳税义务发生之日起十五日内，向税务机关办理纳税申报并缴纳税款。

纳税人应当依法如实办理纳税申报，对申报的真实性和完整性承担责任。

第二十条 税务机关应当将纳税人的纳税申报数据资料与环境保护主管部门交送的相关数据资料进行比对。

税务机关发现纳税人的纳税申报数据资料异常或者纳税人未按照规定期限办理纳税申报的，可以提请环境保护主管部门进行复核，环境保护主管部门应当自收到税务机关的数据资料之日起十五日内向税务机关出具复核意见。税务机关应当按照环境保护主管部门复核的数据资料调整纳税人的应纳税额。

第二十一条 依照本法第十条第四项的规定核定计

算污染物排放量的，由税务机关会同环境保护主管部门核定污染物排放种类、数量和应纳税额。

第二十二条 纳税人从事海洋工程向中华人民共和国管辖海域排放应税大气污染物、水污染物或者固体废物，申报缴纳环境保护税的具体办法，由国务院税务主管部门会同国务院海洋主管部门规定。

第二十三条 纳税人和税务机关、环境保护主管部门及其工作人员违反本法规定的，依照《中华人民共和国税收征收管理法》、《中华人民共和国环境保护法》和有关法律法规的规定追究法律责任。

第二十四条 各级人民政府应当鼓励纳税人加大环境保护建设投入，对纳税人用于污染物自动监测设备的投资予以资金和政策支持。

第五章 附 则

第二十五条 本法下列用语的含义：

（一）污染当量，是指根据污染物或者污染排放活动对环境的有害程度以及处理的技术经济性，衡量不同污染物对环境污染的综合性指标或者计量单位。同一介质相同污染当量的不同污染物，其污染程度基本相当。

（二）排污系数，是指在正常技术经济和管理条件下，生产单位产品所应排放的污染物量的统计平均值。

（三）物料衡算，是指根据物质质量守恒原理对生产过程中使用的原料、生产的产品和产生的废物等进行测算的一种方法。

第二十六条 直接向环境排放应税污染物的企业事业单位和其他生产经营者，除依照本法规定缴纳环境保护税外，应当对所造成的损害依法承担责任。

第二十七条 自本法施行之日起，依照本法规定征收环境保护税，不再征收排污费。

第二十八条 本法自 2018 年 1 月 1 日起施行。

附表一

环境保护税税目税额表

<table>
<tr><th colspan="2">税　目</th><th>计税单位</th><th>税　额</th><th>备注</th></tr>
<tr><td colspan="2">大气污染物</td><td>每污染当量</td><td>1.2 元至 12 元</td><td></td></tr>
<tr><td colspan="2">水污染物</td><td>每污染当量</td><td>1.4 元至 14 元</td><td></td></tr>
<tr><td rowspan="4">固体废物</td><td>煤矸石</td><td>每吨</td><td>5 元</td><td rowspan="4"></td></tr>
<tr><td>尾矿</td><td>每吨</td><td>15 元</td></tr>
<tr><td>危险废物</td><td>每吨</td><td>1000 元</td></tr>
<tr><td>冶炼渣、粉煤灰、炉渣、其他固体废物（含半固态、液态废物）</td><td>每吨</td><td>25 元</td></tr>
<tr><td rowspan="6">噪声</td><td rowspan="6">工业噪声</td><td>超标 1～3 分贝</td><td>每月 350 元</td><td rowspan="6">1. 一个单位边界上有多处噪声超标，根据最高一处超标声级计算应纳税额；当沿边界长度超过 100 米有两处以上噪声超标，按照两个单位计算应纳税额。
2. 一个单位有不同地点作业场所的，应当分别计算应纳税额，合并计征。
3. 昼、夜均超标的环境噪声，昼、夜分别计算应纳税额，累计计征。
4. 声源一个月内超标不足 15 天的，减半计算应纳税额。
5. 夜间频繁突发和夜间偶然突发厂界超标噪声，按等效声级和峰值噪声两种指标中超标分贝值高的一项计算应纳税额。</td></tr>
<tr><td>超标 4～6 分贝</td><td>每月 700 元</td></tr>
<tr><td>超标 7～9 分贝</td><td>每月 1400 元</td></tr>
<tr><td>超标 10～12 分贝</td><td>每月 2800 元</td></tr>
<tr><td>超标 13～15 分贝</td><td>每月 5600 元</td></tr>
<tr><td>超标 16 分贝以上</td><td>每月 11200 元</td></tr>
</table>

附表二

应税污染物和当量值表

一、第一类水污染物污染当量值

污染物	污染当量值（千克）
1. 总汞	0.0005
2. 总镉	0.005
3. 总铬	0.04
4. 六价铬	0.02
5. 总砷	0.02
6. 总铅	0.025
7. 总镍	0.025
8. 苯并（a）芘	0.0000003
9. 总铍	0.01
10. 总银	0.02

二、第二类水污染物污染当量值

<table>
<tr><th>污染物</th><th>污染当量值（千克）</th><th>备注</th></tr>
<tr><td>11. 悬浮物（SS）</td><td>4</td><td></td></tr>
<tr><td>12. 生化需氧量（BOD_5）</td><td>0.5</td><td rowspan="3">同一排放口中的化学需氧量、生化需氧量和总有机碳，只征收一项。</td></tr>
<tr><td>13. 化学需氧量（CODcr）</td><td>1</td></tr>
<tr><td>14. 总有机碳（TOC）</td><td>0.49</td></tr>
<tr><td>15. 石油类</td><td>0.1</td><td></td></tr>
<tr><td>16. 动植物油</td><td>0.16</td><td></td></tr>
</table>

续表

污染物	污染当量值（千克）	备注
17. 挥发酚	0.08	
18. 总氰化物	0.05	
19. 硫化物	0.125	
20. 氨氮	0.8	
21. 氟化物	0.5	
22. 甲醛	0.125	
23. 苯胺类	0.2	
24. 硝基苯类	0.2	
25. 阴离子表面活性剂（LAS）	0.2	
26. 总铜	0.1	
27. 总锌	0.2	
28. 总锰	0.2	
29. 彩色显影剂（CD－2）	0.2	
30. 总磷	0.25	
31. 单质磷（以 P 计）	0.05	
32. 有机磷农药（以 P 计）	0.05	
33. 乐果	0.05	
34. 甲基对硫磷	0.05	
35. 马拉硫磷	0.05	
36. 对硫磷	0.05	
37. 五氯酚及五氯酚钠（以五氯酚计）	0.25	
38. 三氯甲烷	0.04	
39. 可吸附有机卤化物（AOX）（以 Cl 计）	0.25	
40. 四氯化碳	0.04	

续表

污染物	污染当量值（千克）	备注
41. 三氯乙烯	0.04	
42. 四氯乙烯	0.04	
43. 苯	0.02	
44. 甲苯	0.02	
45. 乙苯	0.02	
46. 邻—二甲苯	0.02	
47. 对—二甲苯	0.02	
48. 间—二甲苯	0.02	
49. 氯苯	0.02	
50. 邻二氯苯	0.02	
51. 对二氯苯	0.02	
52. 对硝基氯苯	0.02	
53. 2,4—二硝基氯苯	0.02	
54. 苯酚	0.02	
55. 间-甲酚	0.02	
56. 2,4—二氯酚	0.02	
57. 2,4,6—三氯酚	0.02	
58. 邻苯二甲酸二丁酯	0.02	
59. 邻苯二甲酸二辛酯	0.02	
60. 丙烯腈	0.125	
61. 总硒	0.02	

三、pH 值、色度、大肠菌群数、余氯量水污染物污染当量值

污染物		污染当量值	备注
1. PH 值	1. 0—1，13—14	0.06 吨污水	PH5—6 指大于等于 5，小于 6；PH9—10 指大于 9，小于等于 10，其余类推
	2. 1—2，12—13	0.125 吨污水	
	3. 2—3，11—12	0.25 吨污水	
	4. 3—4，10—11	0.5 吨污水	
	5. 4—5，9—10	1 吨污水	
	6. 5—6	5 吨污水	
2. 色度		5 吨水·倍	
3. 大肠菌群数（超标）		3.3 吨污水	大肠菌群数和余氯量只征收一项
4. 余氯量（用氯消毒的医院废水）		3.3 吨污水	

四、禽畜养殖业、小型企业和第三产业水污染物污染当量值

（本表仅适用于计算无法进行实际监测或者物料衡算的畜禽养殖业、小型企业和第三产业等小型排污者的水污染物污染当量数）

类型	污染当量值		备注
禽畜养殖场	1. 牛	0.1 头	仅对存栏规模大于 50 头牛、500 头猪、5000 羽鸡鸭等的禽畜养殖场征收。
	2. 猪	1 头	
	3. 鸡、鸭等家禽	30 羽	
4. 小型企业	1.8 吨污水		
5. 饮食娱乐服务业	0.5 吨污水		
6. 医院	消毒	0.14 床	医院病床数大于 20 张的按照本表计算污染当量。
		2.8 吨污水	
	不消毒	0.07 床	
		1.4 吨污水	

五、大气污染物污染当量值

污染物	污染当量值（千克）
1. 二氧化硫	0.95
2. 氮氧化物	0.95
3. 一氧化碳	16.7
4. 氯气	0.34
5. 氯化氢	10.75
6. 氟化物	0.87
7. 氰化氢	0.005
8. 硫酸雾	0.6
9. 铬酸雾	0.0007
10. 汞及其化合物	0.0001
11. 一般性粉尘	4
12. 石棉尘	0.53
13. 玻璃棉尘	2.13
14. 碳黑尘	0.59
15. 铅及其化合物	0.02
16. 镉及其化合物	0.03
17. 铍及其化合物	0.0004
18. 镍及其化合物	0.13
19. 锡及其化合物	0.27
20. 烟尘	2.18
21. 苯	0.05

续表

污染物	污染当量值（千克）
22. 甲苯	0.18
23. 二甲苯	0.27
24. 苯并（a）芘	0.000002
25. 甲醛	0.09
26. 乙醛	0.45
27. 丙烯醛	0.06
28. 甲醇	0.67
29. 酚类	0.35
30. 沥青烟	0.19
31. 苯胺类	0.21
32. 氯苯类	0.72
33. 硝基苯	0.17
34. 丙烯腈	0.22
35. 氯乙烯	0.55
36. 光气	0.04
37. 硫化氢	0.29
38. 氨	9.09
39. 三甲胺	0.32
40. 甲硫醇	0.04
41. 甲硫醚	0.28
42. 二甲二硫	0.28
43. 苯乙烯	25
44. 二硫化碳	20

关于《中华人民共和国环境保护税法（草案）》的说明

——2016 年 8 月 29 日在第十二届全国人民代表大会常务委员会第二十二次会议上

财政部部长　楼继伟

委员长、各位副委员长、秘书长、各位委员：

我受国务院委托，现对《中华人民共和国环境保护税法（草案）》作说明。

党中央、国务院高度重视环境保护及其立法工作。习近平总书记多次强调指出，生态环境保护是功在当代、利在千秋的事业，要大力推进生态文明建设，把生态环境保护放在更加突出的位置。李克强总理明确提出，开征环境保护税对于“清费立税”、促进企业强化环保具有重要作用，要做好环境保护税立法相关工作。党的十八届三中、四中全会决定提出“推动环境保护费改税”，

"用严格的法律制度保护生态环境"。

为贯彻落实党中央、国务院决策部署，财政部、税务总局、环境保护部在调查研究的基础上，起草了《中华人民共和国环境保护税法（送审稿）》。国务院法制办两次书面征求有关部门、各省级人民政府、行业组织、企业和专家的意见，并征求了社会公众意见。为研究解决好立法的关键问题，与全国人大财经委、环资委和全国人大常委会法工委、预算工委多次进行座谈，当面听取指导意见。在吸收采纳各方面意见的基础上，反复研究修改形成了《中华人民共和国环境保护税法（草案）》（以下简称草案）。草案已经国务院第132次常务会议讨论通过。现说明如下：

一、立法的总体考虑

（一）按照"税负平移"的原则进行环境保护费改税。1979年颁布的《中华人民共和国环境保护法（试行）》确立了排污费制度，现行环境保护法延续了这一制度。2003年国务院公布的《排污费征收使用管理条例》对排污费征收、使用的管理作了规定。据统计，2003年至2015年，全国累计征收排污费2115.99亿元，缴纳排污费的企事业单位和个体工商户累计500多万户。2015年征收排污费173亿元，缴费户数28万户。排污费制度对于防治环境污染发挥了重要作用，但与税收制度相比，排污费制度存在执法刚性不足、地方政府和部门干预等问题，因此有必要进行环境保护费改税。为实现排污费制度向环境保护税制度的平稳转移，草案根据现行排污费项目设置税目，将排污费的缴纳人作为环境保护税的纳税人，将应税污染物排放量作为计税依据，将现行排污费收费标准作为环境保护税的税额下限。

（二）突出解决重点问题。一是考虑到各地情况差异较大，允许地方以《环境保护税税目税额表》规定的税额标准为基础，上浮应税污染物的适用税额。二是各方面争议比较大的对二氧化碳征收环境保护税问题，暂不纳入征收范围。

（三）建立环境保护税征管协作机制。环境保护费改税后，征收部门由环保部门改为税务部门，同时又离不开环保部门的配合，草案对征管分工协作机制作了规定。

二、草案的主要内容

（一）纳税人。与环境保护法相衔接，草案规定：环境保护税的纳税人为在中华人民共和国领域和中华人民共和国管辖的其他海域，直接向环境排放应税污染物的企业事业单位和其他生产经营者（第二条）。企业事业单位和其他生产经营者向依法设立的污水集中处理、生活垃圾集中处理场所排放应税污染物，缴纳处理费用的，由于其不直接向环境排放应税污染物，不缴纳相应污染物的环境保护税；在符合国家或者地方环境保护标准的设施、场所贮存或者处置固体废物的，不缴纳固体废物的环境保护税（第四条）。

（二）征税对象和征税范围。与现行排污费制度的征收对象相衔接，草案规定环境保护税的征税对象为大气污染物、水污染物、固体废物和噪声等4类（第三条），具体税目、税额依照本法所附《环境保护税税目税额表》执行（第六条第一款）。自本法施行之日起，依照本法规定征收环境保护税，不再征收排污费（第二十六条）。

与现行排污费制度对大气污染物、水污染物的征收范围相衔接，草案规定每一排放口或者没有排放口的应税大气污染物，按照污染当量数从大到小排序，对前3项污染物征收环境保护税。每一排放口的应税水污染物，按照污染当量数从大到小排序，对重金属污染物按照前5项、对其他污染物按照前3项征收环境保护税。同时，省、自治区、直辖市人民政府根据本地区污染物减排的特殊需要，可以增加同一排放口征收环境保护税的应税污染物种类数，报同级人大常委会决定，并报全国人大常委会和国务院备案（第九条）。每种应税大气污染物、水污染物的具体污染当量值，依照环境保护税法所附《应税污染物和当量值表》执行（第八条）。

（三）税负。按照2014年9月发展改革委、财政部、环境保护部《关于调整排污费征收标准等有关问题的通知》要求，全国31个省、自治区、直辖市已于2015年6月底前，将大气和水污染物的排污费标准分别调整至不低于每污染当量1.2元和1.4元，即在2003年基础上上调1倍。其中有7个省、直辖市调整后的收费标准高于通知规定的最低标准，北京市调整后的收费标准是最低标准的8—9倍；天津市调整后的收费标准是最低标准的5—7倍；上海市分三步调整至最低标准的3—6.5倍；江苏省分两步调整至最低标准的3—4倍；河北省分三步调整至最低标准的2—5倍；山东省分两步将大气污染物收费标准调整至最低标准的2.5—5倍；湖北省分两步调整至最低标准的1—2倍。

草案以现行排污费收费标准作为环境保护税的税额下限，规定：大气污染物税额为每污染当量1.2元；水污染物税额为每污染当量1.4元；固体废物按不同种类，税额为每吨5—1000元；噪声按超标分贝数，税额为每月350—11200元。同时，兼顾目前部分省、直辖市上调了排污费收费标准且有的省、直辖市收费标准较高的情况，规定省、自治区、直辖市人民政府统筹考虑本地区环境承载能力、污染物排放现状和经济社会生态发展目标要求，可以在《环境保护税税目税额表》规定的税额标准基础上，上浮应税污染物的适用税额，报同级人大常委会决定，并报全国人大常委会和国务院备案（第六条第二款）。

（四）税收优惠。草案规定了5项免税情形：一是为支持农业发展，对农业生产排放的应税污染物免税，但鉴于规模化养殖对农村环境威胁较大，未将其列入免税范围；二是考虑到现行税制中已有车船税、消费税、车辆购置税等税种对机动车的生产和使用进行调节，其中车船税和消费税按排量征税，对促进节能减排发挥了积极作用，在当前推进结构性减税的大环境下，不宜再进一步增加使用成本，因此，对机动车、船舶和航空器等流动污染源排放的应税污染物免税；三是考虑到根据国家有关规定，达标排放污染物的城镇污水集中处理、生活垃圾集中处理场所免缴排污费，为保持政策的连续性，对依法设立的城镇污水集中处理、生活垃圾集中处理场所向环境达标排放的应税污染物免税，对工业污水集中处理场所不予免税；四是为鼓励固体废物综合利用，减少污染物排放，对纳税人符合标准综合利用的固体废物免税；五是国务院批准免税的其他情形（第十二条第一款）。

为鼓励企业通过采用先进技术减少污染物排放，草案规定：纳税人排放应税大气污染物和水污染物的浓度值低于国家或者地方规定的污染物排放标准50%的，减半征收环境保护税（第十三条）。

（五）税收征管。草案规定：纳税人应当依法如实办理纳税申报，对申报的真实性和完整性承担责任（第十九条）；税务机关依法征收管理，环境保护主管部门负责依法对污染物监测管理（第十四条）；环境保护主管部门和税务机关应当建立涉税信息共享平台和机制，定期交换有关纳税信息资料（第十五条）。

此外，草案对环境保护税应税污染物计税依据的确定方法（第七条），应税污染物的计算方法和顺序（第十条），应纳税额的计算方法（第十一条）等作了规定。

征收环境保护税不免除纳税人环境违法行为应承担的民事责任、行政责任。

《中华人民共和国环境保护税法（草案）》和以上说明是否妥当，请审议。

二、

《环境保护税法》相关问题解答

1. 为什么要实行环境保护费改税?

党中央、国务院高度重视生态环境保护工作，大力推进大气、水、土壤污染防治，持续加大生态环境保护力度，近年来我国生态环境质量有所改善。但总体上看，我国环境保护仍滞后于经济社会发展，生态环境恶化趋势尚未得到根本扭转，部分地区环境污染问题较为突出，严重影响了正常生产生活和社会可持续发展，加强环境保护已刻不容缓。党的十八大报告和我国“十三五”规划明确提出：大力推进生态文明建设，实行最严格环境保护制度，加大环境治理力度。在党的十八届三中、四中全会文件中明确提出：“推动环境保护费改税”、“用严格的法律制度保护生态环境”。因此，实行环境保护费改税，是落实党中央、国务院决策部署的重要举措。

1979 年颁布的《中华人民共和国环境保护法（试行）》确立了排污费制度，现行环境保护法延续了这一制度。2003 年国务院公布的《排污费征收使用管理条例》对排污费征收、使用、管理作了规定。针对影响环境的重点污染源，我国选择对大气污染、水污染、固体废物、噪声四类污染物开征排污费。2014年国家根据环境治理新情况、新要求，进一步调整了排污费征收标准，在原有标准基础上，总体向上调整一倍，并允许污染重点防治区和经济发达地区适当上调征收标准。2003 年至 2016 年，全国累计征收排污费 2321.68 亿元，2016 年征收额为 205.68 亿元。排污费征收效果总体是好的，通过收费这一经济手段促使企业加强环境治理、减少污染物排放，对我国防治环境污染、保护环境起到了重要作用。但在实际执行中也存在一些问题，如执法刚性不足、地方政府和部门干预等，影响了该制度功能的正常发挥。针对这种情况，有必要实行环境保护费改税，进一步强化环境保护制度建设。

2. 我国开征环境保护税有何重要意义？

税收是促进生态环境保护的重要经济手段。“推动环境保护费改税”、“用严格的法律制度保护生态环境”是党的十八届三中、四中全会文件提出的一项重要任务，也是落实税收法定原则的一项基本要求。我国现行税收政策在促进生态环境保护方面发挥了积极作用，但仍不能满足我国加大环保力度、改善生态环境的迫切要求。开征环境保护税，具有十分重要的意义。一是有利于解决排污费制度存在的执法刚性不足、地方政府干预等问题。二是有利于提高纳税人环保意识和遵从度，强化企业治污减排的责任。三是有利于构建促进经济结构调整、发展方式转变的绿色税制体系，强化税收调控作用，形成有效的约束激励机制，提高全社会环境保护意识，推进生态文明建设和绿色发展。四是通过“清费立税”，有利于规范政府分配秩序，优化财政收入结构，强化预算约束。

3. 环境保护费改税的总体思路是什么？

将现行排污费征收制度改为税收征管制度，是一项复杂的系统工程，涉及政策内容、征管机制、管理权限的转换。特别是在我国目前特殊的政治经济背景下，主要任务是统筹兼顾、顺利实施环境保护费改税，确保此项改革工作平稳有序进行。

一是按照“税负平移”的原则进行环境保护费改税，实现排污费制度向环境保护税制度的平稳顺利转换。考虑目前我国经济下行压力较大，企业生产经营较为困难，此次费改税将以原排污费征收制度为基础实行平移。根据现行排污费项目设置税目，将排污费的缴纳人作为环境保护税的纳税人，将现行排污费征收标准作为环境保护税的税额下限，将应税污染物排放量和噪声的超标分贝数作为计税依据。

二是建立环境保护税制度，努力构建我国绿色税制体系。在现有对大气污染物、水污染物、固体废物、噪声等重点污染源征税的基础上，研究探索对其他污染物征税的可行性，在今后条件成熟后，将相关污染物如挥发性有机物排放等，列为征税项目，进一步扩大环境保护税征收范围，加强污染排放治理制度建设。

三是在税政统一基础上，适当下放税政管理权。鉴于当前环境治理主要工作职责在地方政府，为充分调动地方政府做好污染防治工作的积极性，同时兼顾各地排污费标准差异较大的实际情况，对大气和水污染物设定幅度税额，并授权各省（区、市）在规定幅度内，统筹考虑本地区环境承载能力、污染物排放现状和经济社会发展目标要求，确定具体适用税额。

四是建立环境保护税征管协作机制。环境保护费改税后，征收部门由环保部门改为税务机关，但企业污染物排放量监测计算专业性较强，实际税收征管工作离不开环保部门的配合，为保障税收征管工作顺利开展，确定了“企业申报、税务征收、环保协同、信息共享”的税收征管模式。

4. 为什么将法律名称定为《环境保护税法》?

此次开征环境保护税采取费改税方式，征税对象和范围与现行排污费的征收对象和范围基本相同，均为直接向环境排放的大气污染物、水污染物、固体废物和噪声等。今后根据新情况、新形势，可以选择污染防治任务重、技术标准成熟的税目开征环境保护税，逐步扩大征税范围。比如，为控制温室气体排放，推进绿色低碳发展，可考虑适时将二氧化碳纳入征税范围。《环境保护税法》

这一名称符合税制改革的方向，可以为未来扩大征税范围和整体税制改革留出空间。

5. 环境保护税的纳税人有哪些？

为保证环境保护“费改税”工作平稳过渡，此次环境保护税纳税人的确定与环境保护法“排放污染物的企事业单位和其他生产经营者，应当按照国家有关规定缴纳排污费”的规定进行了有效衔接。《环境保护税法》规定：在中华人民共和国领域和中华人民共和国管辖的其他海域，直接向环境排放应税污染物的企业事业单位和其他生产经营者为环境保护税的纳税人。上述对纳税人的规定，在纳税义务上对两种情况做了排除：一是不直接向环境排放应税污染物的，不缴纳环境保护税；二是居民个人不属于纳税人，不用缴纳环境保护税。

6. 税法规定哪两种情形不缴纳环境保护税？

为了减少污染物直接向环境排放，鼓励企业和单位将污水和生活垃圾进行集中处理，税法规定两种情形不用缴纳环境保护税，一是企事业单位和其他生产经营者向依法设立的污水、垃圾集中处理场所排放污染物的，不缴纳环境保护税；二是企业事业单位和其他生产经营者在符合国家和地方环境保护标准的设施、场所贮存或者处置固体废物的，不缴纳环境保护税。除上述两种情况外，其他排放污染物的情况一律纳入征税范围，依法征税。

同时，税法规定："依法设立的城乡污水集中处理、生活垃圾集中处理场所超过国家和地方规定的排放标准向环境排放应税污染物的，应当缴纳环境保护税。"也就是说，虽然企事业单位和其他生产经营者向污水、生活垃圾等集中处理场所排放污染物不征税，但对工业污水集中处理场所向环境排放应税污染物和城乡污水、生活垃圾集中处理场所超标排放应税污染物仍要全额征税。其政策目的就是用严格的法律制度保护生态环境。

7. 为什么不将排放生活污水和垃圾的居民个人作为纳税人？

居民个人排放生活污水和垃圾对环境影

响很大，但考虑目前我国大部分市、县的生活污水和垃圾已进行集中处理，不直接向环境排放，对环境的影响得到了有效控制。同时，为平稳实施费改税，避免增加纳税人负担，所以在立法安排上，将排放生活污水和垃圾的居民个人未列入征税范围，不用缴纳环境保护税。

8. 环境保护税的征收对象是什么？

大气污染物、水污染物、固体废物、噪声是影响环境的最主要污染物，国际上一般都选择对这四类污染物征税。我国现行排污费的征收对象也是这四类污染物。参照国际经验，并与我国现行排污费制度相衔接，环境保护税的征税对象确定为大气污染物、水污染物、固体废物和噪声，具体应税污染物依据税法所附《环境保护税目税额表》、《应税污染物和当量值表》的规定执行。

根据环境保护相关法律法规的规定，大气污染物是指向环境排放影响大气环境质量的物质，包括二氧化硫、氮氧化物、粉尘等；水污染物是指向水体排放影响水环境质量的物质，包括氨氮、化学需氧量、重金属、悬浮物等；固体废物是指在工业生产经营活动中产生的固体废物以及医疗废物，包括煤矸石、尾矿等；噪声是指工业噪声，即在工业生产活动中使用固定的设备时产生的超过国家规定的环境噪声排放标准的、干扰周围生活环境的声音。

9. 为什么不对塑料薄膜、含磷洗衣粉、电池等污染型产品征收环境保护税？

塑料薄膜、含磷洗衣粉、电池等都属于高污染产品，从治理环境污染的角度讲，应对其加大税收调节力度。但考虑这些高污染产品较为分散、污染程度难以准确测量，从征管技术和成本考虑，不宜采取征收环境保护税方式。目前，为了从源头上控制高污染产品的生产和使用，国家已将部分高污染产品纳入了消费税征收范围，如对电池、涂料征收4%的消费税。今后，对塑料薄膜、含磷洗衣粉等高污染产品，在征税条件成熟后，再考虑通过税收等方式予以调节，促进其改进工艺、减少环境污染。

10. 为什么不对二氧化碳排放征税？

从国际经验来看，是否对二氧化碳征税以及如何对其征税各国做法不一。根据经济合作与发展组织（简称 OECD）数据库的统计，目前共有包括英国、日本、美国（只在部分地区征收）在内的十几个国家对二氧化碳排放征税。

此次环境保护费改税，主要是实现收费与征税制度的平稳转换，征收口径改革前后基本保持一致。二氧化碳未列为排污费征收项目，未纳入本次环境保护税征收范围。虽然此次未将二氧化碳纳入环保税的征收范围，但国家对碳排放还是从严管控的，现行消费税、资源税、车船税、车辆购置税等税种均有针对化石燃料消耗的特别政策规定。比如，对汽车按排量征收车船税、消费税；对成品油征收消费税等。

从长远看，我国作为二氧化碳排放大国，适时考虑对二氧化碳排放征税具有积极意义。鉴于对二氧化碳征税涉及面广、情况复杂，需要结合国家利益和发展战略总体安排，根据国内、国际新情况、新形势统筹研究确定。

11. 为什么不对建筑施工噪声、交通噪声征税？

建筑施工噪声、交通噪声是影响人们工作生活的重要污染源之一。但考虑到不同建筑施工类型、工艺和位置产生的噪声不同，交通噪声具有瞬时性、流动性和隐蔽性等特点，建筑施工噪声和交通噪声监测难度都比较大，将其纳入环境保护税的征税条件尚不成熟，因此，本次立法未将其纳入环境保护税征收范围。今后根据噪声污染监测水平的提高，待具备征税条件时，再考虑对建筑施工噪声和交通噪声征税。

12. 为什么不对挥发性有机物排放征税？

挥发性有机物是造成大气污染，特别是形成 PM2.5、臭氧的重要根源。为促使企业减少挥发性有机物排放，改善生态环境，按照国务院有关要求，2015 年，财政部会同有关部门印发了《挥发性有机物排污收费试点办法》，明确在石油化工、包装印刷等部分行业进行挥发性有机物排污收费试点。同时，各省（区、市）可以根据本地区实际情况增加挥发性有机物排污收费试点行业。

考虑到目前只在石油化工和包装印刷等部分行业进行排污收费试点，试点时间较短，尚不具备全面征收环境保护税的条件，为此，本次立法未将挥发性有机物列入征税范围。待条件成熟后，再考虑将其纳入环境保护税的征税范围。

13. 大气污染物、水污染物、固体废物、噪声的计税依据是什么？

环境保护税主要按照污染物排放量计征，但污染物排放量的计量较为复杂，大气污染物、水污染物、固体废物、噪声等计量标准不尽相同。为此，税法对应税污染物的计税依据分别作了规定：（1）应税大气污染物、水污染物按照污染物排放量折合的污染当量数确定；（2）应税固体废物按照固体废物的排放量确定；（3）应税噪声按照超过国家规定标准的分贝数确定。

污染当量是指根据各种污染物或污染排放活动对环境的有害程度以及处理的技术经济性，衡量不同污染物对环境污染的一个综合性指标或计量单位。相同污染当量的不同污染物，其污染程度基本相当。应税大气污染物、水污染物的污染当量数，以该污染物的排放数量除以该污染物的污染当量值计算。每种应税大气污染物、水污染物的具体污染当量值，依照税法所附《应税污染物和当量值表》执行。

固体废物的排放量是指不符合国家和地方环境保护标准贮存或者处置的固体废物的数量，不包括符合国家和地方环保标准的综合利用的固体废物数量。噪声按分贝数确定，超过国家规定标准的分贝数是指实际产生的工业噪声与国家规定的工业噪声排放标准限值之间的差值。

14. 污染物排放量的监测难度大，为什么不按资源使用量（如用水量）或产品销售收入征收环境保护税？

企事业单位和其他生产经营者的资源使用量或产品销售收入与其污染物排放量有一定关系，但不是完全正相关。如工业企业与服务型企业用水量相同，但工业企业排放的污水中所含污染物种类多、污染程度高，而一般服务企业排放的污水中所含污染物种类、数量较少。再如，企业的产品生产销售量不变，但可以采取设备更新、技术改造等措施，减少污染物排放。因此，以资源使用量或产品销售收入为计税依据，难以对企事业单位和其他生产经营者减少污染物排放起到直接调节作用。

15. 为什么对超标和达标排放的大气、水污染物都要征收环境保护税?

污染物排放对环境的损害，与污染物排放浓度和排放总量有关。为加强污染防治，减少污染物排放，2003 年国务院颁布实施的《排污费征收使用管理条例》，明确按污染物排放总量征收排污费，即达到国家和地方规定排放标准的，按其排放污染物的种类、数量征收排污费；向水体排放污染物超过国家和地方规定排放标准的，在排污收费额基础上加倍收取；以填埋方式处置危险废物不符合国家有关规定的，按照排污种类、数量收取；产生的噪声污染超过国家环境标准的，按照超标声级收取。

与现行排污费制度相衔接，环境保护税针对大气、水污染物的排放总量征收，即不管是达标排放的污染物还是超标排放的污染物都要征税。但由于达标排放的污染物所含污染当量数少，从而可以少缴税；超标排放的污染物所含污染当量数多，从而需要多缴税。这种政策处理，有利于促进企业、单位改进工艺、减少污染物排放。另外，缴纳环境保护税不免除纳税人的防治污染、赔偿污染损害等法定责任，考虑在环境保护法中已明确对超标排放污染物予以行政处罚，所以，在《环境保护税法》中未再规定对超标排放污染物予以加倍征税。

16. 为什么对超标排放的污染物不加倍征税？

考虑到对超标排放污染物应根据《环境保护法》、《水污染防治法》和《大气污染防治法》的规定予以行政处罚，税收不应具有惩罚性质。因此，对超标排放的污染物在《环境保护税法》中没有设置加倍征税规定。

现行《环境保护法》、《水污染防治法》

和《大气污染防治法》对超标、超总量排污的行为规定了民事责任和行政处罚。如《水污染防治法》明确，对超标、超总量排污处应缴纳排污费数额 2 倍以上 5 倍以下的罚款，并由环保部门责令限制生产、停产整治，逾期未完成治理任务的，责令关闭。征收环境保护税不免除纳税人因其环境违法行为依法应承担的民事责任、行政责任和刑事责任。

17. 污染物排放量的计算方法比较复杂，实践中如何操作？

如何真实、准确地监测和计算污染物排放量，是环境保护税征管中的难点问题。为解决好该问题，结合排污费多年征收的实践经验，主要采取以下措施：一是要求重点排污单位依法安装自动监测设备，按自动监测数据计算排污量。二是对未安装自动监测设备的企业，要求其开展自行监测，鼓励其委托第三方机构开展监测，企业自行监测获得的有效监测数据可作为缴税申报依据。三是对污染物种类多且不具备监测条件的，按照排污系数或者物料衡算方法计算应税污染物的排放量。四是不能按照前三种方法计算的，按照抽样测算方法计算应税污染物的排放量，相关计算方法由省级以上环境保护主管部门制定并向社会公布。

18. 为什么只对每一排放口应税大气、水污染物污染当量数排在前 3 项或前 5 项的污染物征税？

污水和废气中所含污染物种类较多，从监测技术和成本考虑，难以将每一排放口的所有污染物都纳入征税范围。对每一排放口应税大气、水污染物污染当量数排在前 3 项或前 5 项的污染物征税，已覆盖了主要污染物排放量，可以起到促进污染物减排的作用。同时，考虑到各地污染减排的特殊需要，环境保护税法给地方一定授权，明确省、自治区、直辖市人民政府可以增加同一排放口征收环境保护税的应税污染物项目数，报同级人民代表大会常务委员会决定，并报全国人民代表大会常务委员会和国务院备案。

19. 环境保护税的税率是如何确定的?

按照2014年9月发展改革委、财政部、环境保护部《关于调整排污费征收标准等有关问题的通知》要求，全国31个省、自治区、直辖市于2015年6月底前，将大气和水污染物的排污费标准分别调整至不低于每污染当量1.2元和1.4元，即在2003年基础上上调1倍。同时，鼓励污染重点防治区域及经济发达地区，按高于上述标准调整排污费征收标准，充分发挥价格杠杆作用，促进污染减排和环境保护。目前各地实际执行的排污费标准差异较大，大部分省份按国家规定的最低标准执行，有7个省、直辖市调整后的收费标准高于国家规定的最低标准，其中，北京市调整后的收费标准是最低标准的8—9倍；天津市调整后的收费标准是最低标准的5—7倍；上海市分三步调整至最低标准的3—6.5倍；江苏省分两步调整至最低标准的3—4倍；河北省分三步调整至最低标准的2—5倍；山东省分两步将大气污染物收费标准调整至最低标准的2.5—5倍；湖北省分两步调整至最低标准的1—2倍。

为实现排污费制度向环境保护制度的平稳转移，环境保护税以现行大气、水污染物排污费标准作为税额下限。同时，按照税收法定原则，为避免地方裁量权过大，对环境保护税设定了税额上限，为最低税额标准的10倍，即大气污染物的税额幅度为1.2元至12元，水污染物的税额幅度为1.4元至14元。应税大气、水污染物的具体适用税额的确定和调整，由省、自治区、直辖市人民政府统筹考虑本地区环境承载能力、污染物排放现状和经济社会生态发展目标要求，在规定的税额幅度内提出，报同级人民代表大会常务委员会决定，并报全国人民代表大会常务委员会和国务院备案。

参考现行排污费征收标准，对固体废物和噪声实行固定税额。其中，固体废物按不同种类，税额标准为每吨5—1000元；噪声按超标分贝数，税额标准为每月350—11200元。

20.《环境保护税法》规定了哪些暂予免税情形？

《环境保护税法》规定了5项暂予免税的情形：一是为支持农业发展，对农业生产排放的应税污染物暂予免税。但鉴于规模化养殖对农村环境影响较大，需要区别不同情况予以征免税，所以未将其列入免税范围。二是考虑到现行税制中已有车船税、消费税、车辆购置税等税种对机动车的生产和使用进行调节，对促进节能减排发挥了积极作用，因此，对机动车、船舶和航空器等流动污染源排放的应税污染物暂免征税。三是根据国家有关规定，城市污水集中处理、生活垃圾集中处理场所达标排放的污染物免缴排污费，为保持政策的连续性，对依法设立的城乡污水集中处理、生活垃圾集中处理场所向环境达标排放的应税污染物暂予免税。四是为鼓励固体废物综合利用，减少污染物排放，对纳税人符合标准综合利用的固体废物暂免征税。五是国务院批准暂免征税的其他情形。

21. 为什么对农业生产排放的污染物暂免征税？

农业生产中因使用化肥、农药等形成污染物，并通过农田地表径流、农田排水和地下渗漏等方式进入水体而造成面源污染。鉴于上述污染情况较为复杂，难以准确计量污染排放量。同时，考虑农民负担能力较弱，为支持农业生产，税法规定暂不对农业污染征税。

22. 为什么对规模化养殖排放的污染物不予免税？

目前，我国畜禽养殖场（户）1亿多个，畜禽养殖规模化率达54%，畜禽粪污年产生量约38亿吨，畜禽养殖化学需氧量、氮、磷、铜、锌的排放量分别占农业源排放总量的96%、38%、56%、99%和98%，畜禽粪污成为农业面源污染的主要来源。鉴于规模化养殖对农村环境危害较大，所以税法中未将其列入免税范围。

但在具体征税政策上，对不同的规模化养殖企业采取区别对待，规模化畜禽养殖场产生的畜禽养殖废弃物在符合国家和地方环境保护标准的设施、场所贮存，并采取粪肥还田、制取沼气、制造有机肥等方式进行综合利用和无害化处理的，免征环境保护税。

对于向外环境排放污染物的规模化养殖企业按照以下方法征税：一是规模化养殖企业向环境排放污染物，排放量可以监测的，按实际监测的排放量征收环境保护税。二是规模化养殖企业向环境排放污染物，其排污量无法实际监测的，依据《环境保护税法》所附《禽畜养殖业、小型企业和第三产业水污染物当量值》，按畜禽饲养量折合的污染当量数计算征税。三是对《环境保护税法》所附《禽畜养殖业、小型企业和第三产业水污染物当量值》中未列明的畜禽种类，其应税污染物排放量的计算方法由各省、自治区、直辖市人民政府环境保护主管部门确定。

23. 为什么对机动车等移动污染源排放的污染物暂予免税?

汽车尾气对环境污染大，应充分发挥税收的调节作用，促进减少尾气排放。但考虑到现行税制中已有消费税、车船税、车辆购置税等税种对汽车生产和使用进行调节，其中车船税、消费税按排量征税，已体现了税收调节和经济补偿，所以《环境保护税法》对汽车等移动污染源排放的污染物规定暂免征收环境保护税。

24. 为什么对城乡污水、生活垃圾集中处理场所达标排放的污染物暂予免税?

城乡污水和生活垃圾处理厂是污染治理单位，也可能是污染排放大户。但考虑到城乡污水和生活垃圾处理厂承担了部分公共服务职能，具有准公共服务性质，特别是目前许多城乡污水、生活垃圾集中处理场所运营较为困难，各级财政予以适当补贴。因此，为减轻城乡污水、垃圾集中处理场所的运营负担，调动其不断改进治污工艺和技术水平、减少污染物排放的积极性，《环境保护税法》规定对其暂免征收环境保护税。但同时附加一个条件，即不得超过国家和地方规定的排放标准；凡超过规定排放标准的，应一律依法征税。

25. 为什么对工业污水集中处理场所达标排放的污染物不予免税?

工业污水集中处理场所与城乡污水集中处理场所的性质不同。工业污水集中处理场所服务于工业企业，由双方协商确定服务费用，具有商业性质且盈利状况好。为此，《环境保护税法》规定对工业污水集中处理场所排放的污染物予以征税。工业污水集中处理场所按要求须达标排放，达标排放污水所含污染物一般较少，为此，根据税法规定按污染当量数征税计算，工业污水集中处理场所税收负担不重。

26. 为什么按纳税人排污浓度值不同设置两档减税政策？

根据污染物排放浓度实行差别化征税政策，对促进企业减排可以起到良好的激励作用。现行排污费制度，只规定了一档减征政策，即对排污单位排放大气或者水污染物的浓度值低于国家或地方规定的排放标准50%以上的，减半征收排污费。考虑到将排放浓度值降到规定标准的50%以上技术要求较高，一些企业可能享受不到优惠政策，为充分发挥税收的激励引导作用，进一步调动企业改进技术工艺、减少污染物排放的积极性，《环境保护税法》根据纳税人排放污染物浓度值低于国家和地方规定排放标准的程度不同，设置了两档减税优惠，即纳税人排污浓度值低于规定标准30%的，减按75%征税；纳税人排污浓度值低于规定排放标准50%的，减按50%征税，进一步鼓励企业改进工艺、减少对环境的污染。

27. 环境保护税如何征管，税务机关与环保部门如何建立协作机制？

现行排污费由环保部门征收，改征环境保护税后，将由税务机关按照《税收征收管理法》的规定征收管理，增强了执法的规范性、刚性。同时，考虑到征收环境保护税对污染物排放监测的专业技术要求较高，离不开环保部门的配合，《环境保护税法》确定了“企业申报、税务征收、环保协同、信息共享”的征管模式。即纳税人应当依法如实办理纳税申报，对申报的真实性和完整性承担责任；税务机关依法征收管理，环保部门依法加强对污染物的监测管理；环保部门与税务机关须建立涉税信息共享平台和工作配合机制，定期交换有关纳税信息资料。这一征管模式突出了纳税人自主如实申报纳税的义务，明确了税务机关征税的主体责任，并要求环保部门对纳税申报数据资料异常或者纳税人未按照规定期限办理纳税申报的，依法进行技术复核，配合税务机关做好征管工作。

28. 环境保护税征管涉及税务、环保两个部门，如果发生征纳税争议，纳税人行政复议或诉讼对象是谁？

《环境保护税法》第十四条规定：环境保护税由税务机关依照税收征收管理法和本法的有关规定征收管理。环境保护主管部门依照本法和有关环境保护法律法规的规定负责对污染物的监测管理。《行政复议法实施条例》第十一条规定：公民、法人或者其他组织对行政机关的具体行政行为不服，依照行政复议法和本条例的规定申请行政复议的，作出该具体行政行为的行政机关为被申请人。《行政诉讼法》第二十六条规定：公民、法人或者其他组织直接向人民法院提起诉讼的，作出行政行为的行政机关是被告。根据上述法律法规的规定，如果发生征纳税争议，纳税人行政复议或诉讼对象是作出具体税收征管行政行为的税务机关。

29. 为什么《环境保护税法》对纳税人和税务机关、环保部门违法责任没有作出细化规定？

《税收征收管理法》、《环境保护法》等有关法律法规，对纳税人纳税、税务机关征税、环保部门监测管理等工作中应承担的法律责任已作出了明确规定。

《税收征收管理法》第六十二条规定："纳税人未按照规定的期限办理纳税申报和报送纳税资料的，或者扣缴义务人未按照规定的期限向税务机关报送代扣代缴、代收代缴税款报告表和有关资料的，由税务机关责令限期改正，可以处二千元以下的罚款；情节严重的，可以处二千元以上一万元以下的罚款。"第六十三条规定："纳税人伪造、变造、隐匿、擅自销毁账簿、记账凭证，或者在账簿上多列支出或者不列、少列收入，或者经税务机关通知申报而拒不申报或者进行虚假的纳税申报，不缴或者少缴应纳税款的，是偷税。对纳税人偷税的，由税务机关追缴其不缴或者少缴的税款、滞纳金，并处不缴或者少缴的税款百分之五十以上五倍以下的罚款；构成犯罪的，依法追究刑事责任。扣缴义务人采取前款所列手段，不缴或者少缴已扣、已收税款，由税务机关追缴其不缴或者少缴的税款、滞纳金，并处不缴或者少缴的税款百分之五十以上五倍以下的罚款；构成犯罪的，依法追究刑事责任。”第六十四条规定：“纳税人、扣缴义务人编造虚假计税依据的，由税务机关责令限期改正，并处五万元以下的罚款。”第八十二条规定：“税务人员徇私舞弊或者玩忽职守，不征或者少征应征税款，致使国家税收遭受重大损失，构成犯罪的，依法追究刑事责任；尚不构成犯罪的，依法给予行政处分。税务人员滥用职权，故意刁难纳税人、扣缴义务人的，调离税收工作岗位，并依法给予行政处分。”

《环境保护法》第六十八条规定：“地方各级人民政府、县级以上人民政府环境保护主管部门和其他负有环境保护监督管理职责的部门有下列行为之一的，对直接负责的主管人员和其他直接责任人员给予记过、记大过或者降级处分；造成严重后果的，给予撤职或者开除处分，其主要负责人应当引咎辞职：（一）不符合行政许可条件准予行政许可的；（二）对环境违法行为进行包庇的；（三）依法应当作出责令停业、关闭的决定而未作出的；（四）对超标排放污染物、采用逃避监管的方式排放污染物、造成环境事故以及不落实生态保护措施造成生态破坏等行为，发现或者接到举报未及时查处的；（五）违反本法规定，查封、扣押企业事业单位和其他生产经营者的设施、设备的；（六）篡改、伪造或者指使篡改、伪造监测数据的；（七）应当依法公开环境信息而未公开的；（八）将征收的排污费截留、挤占或者挪作他用的；（九）法律法规规定的其他违法行为。”

鉴于纳税人、税务机关和环保部门在环境保护税征收管理中出现的违法违规行为，可依照《税收征收管理法》、《环境保护法》等相关规定执行。因此，《环境保护税法》没有对相关法律责任进行细化。

30. 目前一些地区实施了排污权有偿使用和交易制度，开征环境保护税后，是否继续收取排污权使用费？

2014 年，国务院办公厅印发了《关于进一步推进排污权有偿使用和交易试点工作的指导意见》（国办发［2014］38号），明确推进排污权有偿使用和交易试点工作。试点地区实行排污权有偿使用制度，排污单位在缴纳使用费后获得排污权。有偿取得排污权的单位，不免除其依法缴纳排污费等相关税费的义务。鉴于排污权使用费是排污单位实施排污权交易之前，为获得排污权而缴纳的费用，体现环境资源有价的理念，与对企业排污征税性质有所不同。环境保护费改税不涉及排污权使用费，不影响排污权交易制度的实施。

31. 环境保护费改税后，收入归属哪一级政府？如何保障污染治理和环境保护的投入？

按现行财政体制，排污费收入实行中央与地方1∶9分成。考虑到治理污染、保护环境的职责任务主要由地方承担，为充分调动地方积极性，完善地方税体系，环境保护费改税后，拟将环境保护税全部作为地方收入，中央财政不再分成。

按照《预算法》的规定，税收收入应纳入一般公共预算管理，统筹用于保障和改善民生、推动经济社会发展、维护国家安全等方面。虽然环境保护税不采取专款专用方式，但不会降低污染治理和环境保护的投入力度，原由排污费安排的支出纳入同级财政预算，按照力度不减的原则予以充分保障。“十二五”期间，全国一般公共预算用于节能环保的支出约1.76万亿元，其中2015年用于节能环保的支出为4814亿元，重点支持大气、水、重金属污染防治以及农村环境综合整治等工作，财政预算安排的支出远远超过排污费的收入规模。开征环境保护税后，各级财政将进一步加大对环境保护的支持力度。

32. 环境保护费改税后会不会加重企业负担？

环境保护费改税，遵循“税负平移”的原则，征税范围、税率基本没有改变。开征环境保护税后，税收刚性增强，征收机制更加严格，会有一些应缴未缴排污费的企业被纳入征税范围。有关部门对部分省市进行了实地调研，环境保护税占企业缴纳税费的比重较低，一般在1%以下，不构成企业的主要负担，费改税后对企业成本负担影响不大。

此外，征税后对企业的约束机制进一步增强，将促使企业主动采取措施减少污染物排放，一些企业的纳税额还会有所减少。

33.《环境保护税法》从 2018 年 1 月 1 日起实施，在实施前还需要做哪些工作？

《环境保护税法》自 2018 年 1 月 1 日起实施。环境保护税是新开征的税种，收费与征税两套制度要进行转换，政策上和征管上需要做前期准备工作：一是起草税法实施条例，细化具体政策和征管措施，并按程序报请国务院批准。二是对授权地方决定的事项，包括确定具体适用税额、增加同一排放口应税污染物的项目数等，由各省（区、市）按法律程序确定和报批。三是做好税收征管准备工作，包括建立税务与环保工作配合机制、调试征税信息系统、交接纳税人资料、建立信息交换平台等。四是做好政策宣传解读、纳税辅导和业务培训，确保征管工作有序进行。《环境保护税法》作为落实税收法定原则的第一部税法，相关部门将按照法治精神做好实施前各项准备工作，确保该法顺利有效实施。

三、

环境保护税国际经验简介

（一）国外环境税概况

各国在20世纪60年代末至70年代初开始进行环境保护立法。具体经历了以下几个发展阶段：一是20世纪60年代至70年代的引入期。这一时期，部分国家开始基于“污染者付费原则”对大气和废水等污染物征收补偿成本的税。二是20世纪80年代至90年代中期的快速发展期。发达国家的环保战略开始由以“末端”处理为主要内容的污染控制政策，转向以实行“清洁生产”、“全程控制”、“源头削减”为主要内容的污染预防政策，包括环境税在内的经济手段在环境管理中的作用日益得到重视。三是21世纪初至今的体系化建设期。发达国家除大气和水污染等重点污染物问题之外，对生态保护、自然资源的持续利用、应对气候变化等问题开始重视，许多国家基于“双重红利”理论①进行了“绿色税制改革”、“绿色财政改革”，综合考虑税收对经济和环境的调控作用。

① “双重红利”的基本含义是指，环境税的开征不仅能够抑制污染，改善生态环境，达到保护环境的目的，而且还可以利用其税收收入降低现有税制对资本、劳动产生的扭曲作用，从而有利于社会就业、经济增长等。

（二）国外对污染物排放征税的一般做法

早期开征环境税的国家基本是针对某类污染物开征具体税种，多数国家对废气、废水、固体废弃物、噪声和二氧化碳分别征税。目前征收水污染税的34个国家中，31个国家为全境开征，3个国家为部分地区开征。主要名称包括“水污染税”、“废水费”、“排污费”等。20世纪90年代以后，越来越多的国家对两类以上的污染物进行综合征税。法国1998年开征的“污染行为综合税”，涵盖了大气污染、燃油、飞机噪声、生活垃圾、特殊工业垃圾、洗涤产品等多种污染物和污染产品。在控制二氧化碳排放方面，税收调控自90年代开始，直接征收二氧化碳排放税、能源税与碳排放交易等成为许多国家碳减排经济政策的主要手段。

从国外对二氧化碳排放征税情况来看，目前已有芬兰、波兰、加拿大、西班牙、日本等19个国家开征了二氧化碳排放税。挪威、瑞典、日本等国家征收了能源税，其计税依据为基于碳含量的能源单位，形成二氧化碳税与能源税的混合税。英国开征了气候变化税，其税基也是燃料的含碳量，属于新开征的基于碳排放的能源税。二氧化碳排放税的税率一般是根据燃料的含碳量来确定，各国税率水平差异较大，最低的西班牙为0.2欧元/吨二氧化碳，最高的波兰为65欧元/吨二氧化碳，大多数国家税率一般在10欧元/吨二氧化碳左右。世界上开征碳税的国家和地区虽然在增加，但征税问题始终存在争议，反对声音不断。如澳大利亚虽然2012年7月1日新开征了过渡性的碳税，但新上台的联盟党政府按竞选承诺，已通过立法自2014年7月1日起取消了碳税。

1. 征税对象。OECD国家中大多数以直接向环境排放的污染物作为环境税的征税对象。如德国对排入天然水域的污水征税，对通过市政管网排入污水处理厂的污水不征税，而收取污水处理费。也有少数国家，如荷兰对向排水管网和污水处理厂间接排放的污染物也征税。

2. 计税依据。有的国家是按污染物排放量定额征收，如卢森堡的水税、克罗地亚的污水税按体积定额征收；有的国家和地区，如丹麦、加拿大哥伦比亚省等，对污水中的不同污染因子按污染物含量征税。

3. 税率。一般情况下，环境税税率设置与污染物的排放浓度相挂钩，按照污染物排放浓度划分级次实行累进征税，一方面对超标、过量排放的污染物实行高税率。如西班牙按照废水排放物的污染程度，税率最高可以提高到标准税率的4倍。另一方面对低于标准一定程度的排放给予税收优惠。如瑞典对含硫量低于0.05%的油免税。此外，危险废物的税率高于一般固体废物，采取填埋方式处置固体废物的税率高于采取焚烧方式处置固体废物的税率。

4. 税收优惠。各国对于污染物排放征税的优惠政策主要有以下情形：一是对公共部门和农业等行业实施减免税；二是对于与普通居民生活息息相关的生活污水、市政污水，不少国家都予以优惠，如捷克对采取了废水处理措施的污水排放行为通过优惠政策予以鼓励；三是对减少污染物排放一般都给予税收优惠，如韩国对排放量低于规定标准 30% 的实行减免；四是对不易发生变化或不易造成环境污染的一些固体废弃物给予税收优惠，如对采矿的废石、生产堆肥的生物垃圾和污泥等给予优惠；五是鼓励废弃物回收再利用的税收优惠，如芬兰对电厂粉煤灰及脱硫废弃物免税。

5. 征收管理。各国环境税的征管机构主要有三类。有些国家由财税部门负责征管；有些国家由环保部门负责征管；少数国家由其他主管部门代扣代缴。

（三）主要国家环境保护税制度

1. 丹麦。丹麦的环境税收体系较为健全，征收的环境税覆盖了气体污染物、废水、固体废弃物、二氧化碳等。丹麦按主要的污染物设置税种，1987 年开征了垃圾税，1992 年开征了碳税，1996 年开征了硫税，1997 年开征了污水排放税，2008 年开征了氮氧化物税。考虑到二氧化硫可以进行末端治理，丹麦允许企业选择硫税的计征方法：一是按燃料的含硫量征税，税率为21.8丹麦克朗/千克硫；二是按二氧化硫的排放量征税，税率为10.9丹麦克朗/千克二氧化硫。丹麦的污水排放税适用于直接向环境排放污水的企业和个人，包括污水处理厂、直接排放的企业以及未与排污管网连接的住户，按照废水中所含氮、磷等污染物和氧化污染物征收。丹麦的垃圾税是对企业和家庭交付到垃圾处理厂的垃圾按照重量征收的税，近年来税率不断提高，几乎达到最初税率的10倍。税率设定时对于不同垃圾处理方式给予不同的税率，垃圾填埋的税率最高，垃圾焚烧的税率较低，对循环利用的垃圾则给予免税。

2. 德国。德国对废水、固体废物、飞机噪声等排放物征税。1981年，德国开征了具有税收性质的废水费，废水费的征税对象为直接向水体排放污水的居民和企业，不适用于排放到污水处理设施的污水；计税依据为废水中有害物质的含量；德国按照废水的“污染单位”（相当于一个居民一年的污染负荷）为基准实行全国统一税率，并且税率不断提高；1999年，德国进行了生态税改革，对电、矿物油、天然气加征生态税。为降低二氧化硫的排放，鼓励社会使用低硫燃料，从2001年11月起，对每升含硫量超过50毫升的汽油、柴油加征1.53欧元/升的生态税。此外，德国针对飞机着陆时产生的噪声征收飞机噪声税，不同机场的税率不同。在对污染行为征税的同时，德国也制定了相应的税收优惠政策，一方面鼓励企业和居民减少污染，另一方面抵消税制改革对中低收入居民的影响。税法规定，对企业低于一定标准排放的污水可以减免税款；对公共交通、使用天然气和生态燃料的交通工具给予生态税税率优惠；对农业生产使用的燃油免征生态税等。

3. 英国。英国的环境税收主要有针对碳排放征收的气候变化税，对废弃物征收的垃圾填埋税，对航空排放征收的机场旅客税，以及包括对燃料征收的碳氢油税在内的能源税收等。1996 年，英国开征垃圾（填埋）税，将垃圾分为一般废物和不易发生变化的废物分别适用 56 英镑/吨和 2.5 英镑/吨的税率。从 2009 年 11 月起，英国政府在伦敦开征了垃圾桶税，政府给居民发放了安装有电子芯片的垃圾箱，记录居民的垃圾重量，对生活垃圾按类按量征收垃圾桶税。2001 年 4 月英国开征了气候变化税，纳税主体是工业、商业、农业等使用电力和燃料的消费者，不包括家庭消费、慈善及非商业用途的消费；征税对象为煤、焦炭、天然气、电力、液化石油气等其他燃料；对用于发电的可再生能源不征税，对热电联产消耗的燃料不征税，对农业部门的生产企业在 5 年的过渡期内减免 50% 的气候变化税。

4. 美国。美国排污管理制度以排污权交易为主，污染排放税只是作为辅助手段，美国联邦统一的环境税收较少，主要由各州自行出台，也没有出台全国范围内的碳税政策。在对气体污染物排放征税方面，如缅因州根据氮氧化物和其他污染物排放量，按年度征收了空气污染物排放许可证费，分别适用2—15美元/吨的税率；在对水污染征税方面，以路易斯安那州的水污染费为例，分为BOD、COD和其他污染物分别适用不同税率；美国各州普遍对固体废弃物征税，征税对象包括轮胎、一般固体废物、电子废弃物、危险废弃物，税率各地不同，如阿拉巴马州对旧轮胎按1美元/个轮胎征税，密苏里州按0.5美元/节电池征税，印第安纳州对危险废物按11.5美元/吨征税。

四、

我国环境保护相关制度建设情况

（一）排污费征收制度

1979 年颁布的《中华人民共和国环境保护法（试行）》规定，“超过国家规定的标准排放污染物，要按照排放污染物的数量和浓度，根据规定收取排污费”，标志着我国排污费制度的建立。1982 年国务院颁布了《征收排污费暂行办法》，对排污费制度作出了具体规定，自此排污费制度开始在全国普遍实施。2003 年国务院新颁布实施的《排污费征收使用管理条例》，对排污收费制度进行了调整，由原来的超标排污收费（超过国家或地方规定的标准排放污染物才征收排污费），改为总量排污收费（达到国家或地方规定的标准排放污染物的，也要按照其排放污染物的种类、数量征收排污费。对排放污染物超过国家或地方规定排放标准的，在排污收费额基础上加倍收取）。

2003 年，原国家计委、财政部、原国家环保总局、原国家经贸委联合印发了《排污费征收标准管理办法》，明确废气、污水排污费征收标准分别为每污染当量 0.6 元和 0.7 元。当时制定这一征收标准明显偏低，只相当于污染治理成本的一半左右，难以起到促进企业治污减排的作用。根据国务院《大气污染防治行动计划》的规定，2014 年 9 月，国家发改委、财政部和环保部联合印发了

《关于调整排污费征收标准等有关问题的通知》，提高了主要污染物排污费征收标准。明确2015年6月底前，各省（区、市）要将废气中的二氧化硫和氮氧化物排污费征收标准由每污染当量0.6元调整到不低于1.2元，将污水中的化学需氧量、氨氮和五项主要重金属（铅、汞、铬、镉、类金属砷）污染物排污费征收标准由每污染当量0.7元调整到不低于1.4元。鼓励污染重点防治区和经济发达地区，按高于上述标准调整排污费征收标准。同时，实行差别收费政策。企业污染物排放浓度值或排放量高于国家或地方规定的排放限值和总量指标的，加倍征收排污费；低于污染物排放限值50%以上的，减半征收排污费。

截至2016年年底，31个省（区、市）均按规定调整了排污费征收标准，其中有7个省、直辖市调整后的收费标准高于通知规定的最低标准，北京市调整后的收费标准是最低标准的8—9倍；天津市调整后的收费标准是最低标准的5—7倍；上海市分三步调整至最低标准的3—6.5倍；江苏省分两步调整至最低标准的3—4倍；河北省分三步调整至最低标准的2—5倍；山东省分两步将大气污染物收费标准调整至最低标准的2.5—5倍；湖北省分两步调整至最低标准的1—2倍。从范围看，除国家规定的4项主要污染物外，浙江省、河南省、宁夏自治区全面提高了废水、废气所有污染物排污费征收标准，黑龙江省提高了烟尘和悬浮物的收费标准；广西自治区提高了烟尘收费标准。差别化收费政策方面，天津市、河北省、上海市、湖北省制定了更加详细的差别化排污收费政策。天津市根据污染物排放浓度设定了7个阶梯的差别化收费标准；上海市设定了4个阶梯的差别化收费标准。

（二）排污许可证管理制度

排污许可证制度是指环境保护主管部门依据排污单位的申请和承诺，通过发放排污许可证，规范和限制排放单位排污行为并明确环境管理要求，依据排污许可证对排污单位实施监管执法的环境管理制度。2016年，国务院办公厅印发了《控制污染物排放许可制实施方案》，提出将排污许可制建设成为固定污染源环境管理的核心制度，作为企业守法、部门执法、社会监督的依据，并明确到2020年完成覆盖所有固定污染源的排污许可证核发工作。

排污许可证管理内容主要包括大气污染物、水污染物，并依法逐步纳入其他污染物。按行业分步实现对固定污染源的全覆盖，率先对火电、造纸行业企业核发排污许可证，2017年完成《大气污染防治行动计划》和《水污染防治行动计划》重点行业及产能过剩行业企业排污许可证核发，2020年全国基本完成排污许可证核发。

纳入排污许可管理的所有企事业单位必须按期持证排污、按证排污，不得无证排污。依证监管是排污许可制实施的关键，按照“谁核发、谁监管”的原则定期开展监管执法，重点检查许可事项和管理要求的落实情况。发现排污单位存在违法情况的，根据违法情节轻重，依法采取按日连续处罚、限制生产、停产整治、停业、关闭等措施，严厉处罚无证和不按证排污行为，对构成犯罪的，依法追究刑事责任。

2017 年，环境保护部发布了《排污许可证管理暂行规定》，明确下列排污单位应当实行排污许可管理：（1）排放工业废气或者排放国家规定的有毒有害大气污染物的企业事业单位；（2）集中供热设施的燃煤热源生产运营单位；（3）直接或间接向水体排放工业废水和医疗污水的企业事业单位；（4）城镇或工业污水集中处理设施的运营单位；（5）依法应当实行排污许可管理的其他排污单位。现有排污单位应当在规定的期限内向具有排污许可证核发权限的核发机关申请领取排污许可证。

（三）排污权交易制度

排污权交易是指在污染物排放总量控制指标确定的条件下，利用市场机制，对合法的污染物排放权利即排污权进行交易，以此进行污染物的排放控制。2014 年，为指导地方开展工作，推进排污权有偿使用和交易制度尽快建立，国务院办公厅印发了《关于进一步推进排污权有偿使用和交易试点工作的指导意见》。截至目前，国家已批复河北、山西、湖北等 12 个省份开展排污权有偿使用和交易试点，试点地区排污权有偿使用、排污权交易两级市场超过 70 亿元。虽然试点工作取得了初步成效，但仍处于初级阶段，相关配套政策措施需要完善，排污权核定技术方法体系亟待规范和完善，排污权出让标准定价机制、排污权出让收入使用亟待进一步规范和明确等。

试点地区实行排污权有偿使用制度，排污单位在缴纳使用费后获得排污权，或通过交易获得排污权。排污单位在规定期限内对排污权拥有使用、转让和抵押等权利。有偿取得排污权的单位，不免除其依法缴纳排污费等相关税费的义务。排污权交易应在自愿、公平、有利于环境质量改善和优化环境资源配置的原则下进行，交易价格由交易双方自行确定。排污权交易按照污染源管理权限由相应的地方环境保护部门负责。跨省级行政区域的排污权交易试点，由环境保护部、财政部和发展改革委负责组织。排污权交易完成后，交易双方应在规定时限内向地方环境保护部门报告，并申请变更其排污许可证。

（四）挥发性有机物排污收费制度

挥发性有机物是造成大气污染，特别是形成PM2.5、臭氧的主要前体物质。为促使企业减少挥发性有机物排放，改善生态环境，根据国务院有关要求，2015年6月，财政部会同国家发改委、环保部联合印发了《挥发性有机物排污收费试点办法》，明确在石油化工、包装印刷两个行业开展挥发性有机物排污收费试点。同时，各省（区、市）可以根据本地区实际情况增加挥发性有机物排污收费试点行业。直接向大气排放挥发性有机物的试点行业企业应当缴纳挥发性有机物排污费，且每一排放口排放的挥发性有机物均征收挥发性有机物排污费，不受对前3项污染物征收排污费限制。挥发性有机物排污费由地方环境保护主管部门按照污染源管理权限负责征收，其收入应全额上缴国库，纳入一般公共预算管理。

五、

附　　录

中华人民共和国税收征收管理法

（1992 年 9 月 4 日第七届全国人民代表大会常务委员会第二十七次会议通过，根据 2015 年 4 月 24 日第十二届全国人民代表大会常务委员会第十四次会议《关于修改〈中华人民共和国港口法〉等七部法律的决定》第三次修正）

第一章　总　则

第一条　为了加强税收征收管理，规范税收征收和缴纳行为，保障国家税收收入，保护纳税人的合法权益，促进经济和社会发展，制定本法。

第二条　凡依法由税务机关征收的各种税收的征收管理，均适用本法。

第三条　税收的开征、停征以及减税、免税、退税、补税，依照法律的规定执行；法律授权国务院规定的，依照国务院制定的行政法规的规定执行。

任何机关、单位和个人不得违反法律、行政法规的规定，擅自作出税收开征、停征以及减税、免税、退税、补税和其他同税收法律、行政法规相抵触的决定。

第四条 法律、行政法规规定负有纳税义务的单位和个人为纳税人。

法律、行政法规规定负有代扣代缴、代收代缴税款义务的单位和个人为扣缴义务人。

纳税人、扣缴义务人必须依照法律、行政法规的规定缴纳税款、代扣代缴、代收代缴税款。

第五条 国务院税务主管部门主管全国税收征收管理工作。各地国家税务局和地方税务局应当按照国务院规定的税收征收管理范围分别进行征收管理。

地方各级人民政府应当依法加强对本行政区域内税收征收管理工作的领导或者协调，支持税务机关依法执行职务，依照法定税率计算税额，依法征收税款。

各有关部门和单位应当支持、协助税务机关依法执行职务。

税务机关依法执行职务，任何单位和个人不得阻挠。

第六条 国家有计划地用现代信息技术装备各级税务机关，加强税收征收管理信息系统的现代化建设，建立、健全税务机关与政府其他管理机关的信息共享制度。

纳税人、扣缴义务人和其他有关单位应当按照国家有关规定如实向税务机关提供与纳税和代扣代缴、代收代缴税款有关的信息。

第七条 税务机关应当广泛宣传税收法律、行政法规，普及纳税知识，无偿地为纳税人提供纳税咨询服务。

第八条 纳税人、扣缴义务人有权向税务机关了解国家税收法律、行政法规的规定以及与纳税程序有关的情况。

纳税人、扣缴义务人有权要求税务机关为纳税人、扣缴义务人的情况保密。税务机关应当依法为纳税人、扣缴义务人的情况保密。

纳税人依法享有申请减税、免税、退税的权利。

纳税人、扣缴义务人对税务机关所作出的决定，享有陈述权、申辩权；依法享有申请行政复议、提起行政诉讼、请求国家赔偿等权利。

纳税人、扣缴义务人有权控告和检举税务机关、税务人员的违法违纪行为。

第九条 税务机关应当加强队伍建设，提高税务人员的政治业务素质。

税务机关、税务人员必须秉公执法，忠于职守，清正廉洁，礼貌待人，文明服务，尊重和保护纳税人、扣缴义务人的权利，依法接受监督。

税务人员不得索贿受贿、徇私舞弊、玩忽职守、不征或者少征应征税款；不得滥用职权多征税款或者故意刁难纳税人和扣缴义务人。

第十条 各级税务机关应当建立、健全内部制约和监督管理制度。

上级税务机关应当对下级税务机关的执法活动依法进行监督。

各级税务机关应当对其工作人员执行法律、行政法规和廉洁自律准则的情况进行监督检查。

第十一条 税务机关负责征收、管理、稽查、行政复议的人员的职责应当明确，并相互分离、相互制约。

第十二条 税务人员征收税款和查处税收违法案件，与纳税人、扣缴义务人或者税收违法案件有利害关系的，应当回避。

第十三条 任何单位和个人都有权检举违反税收法律、行政法规的行为。收到检举的机关和负责查处的机关应当为检举人保密。税务机关应当按照规定对检举人给予奖励。

第十四条 本法所称税务机关是指各级税务局、税务分局、税务所和按照国务院规定设立的并向社会公告的税务机构。

第二章 税务管理

第一节 税务登记

第十五条 企业，企业在外地设立的分支机构和从事生产、经营的场所，个体工商户和从事生产、经营的事业单位（以下统称从事生产、经营的纳税人）自领取营业执照之日起三十日内，持有关证件，向税务机关申报办理税务登记。税务机关应当于收到申报的当日办理登记并发给税务登记证件。

工商行政管理机关应当将办理登记注册、核发营业执照的情况，定期向税务机关通报。

本条第一款规定以外的纳税人办理税务登记和扣缴义务人办理扣缴税款登记的范围和办法，由国务院规定。

第十六条 从事生产、经营的纳税人，税务登记内容发生变化的，自工商行政管理机关办理变更登记之日起三十日内或者在向工商行政管理机关申请办理注销登记之前，持有关证件向税务机关申报办理变更或者注销税务登记。

第十七条 从事生产、经营的纳税人应当按照国家有关规定，持税务登记证件，在银行或者其他金融机构开立基本存款账户和其他存款账户，并将其全部账号向税务机关报告。

银行和其他金融机构应当在从事生产、经营的纳税人的账户中登录税务登记证件号码，并在税务登记证件中登录从事生产、经营的纳税人的账户账号。

税务机关依法查询从事生产、经营的纳税人开立账户的情况时，有关银行和其他金融机构应当予以协助。

第十八条 纳税人按照国务院税务主管部门的规定使用税务登记证件。税务登记证件不得转借、涂改、损毁、买卖或者伪造。

第二节 账簿、凭证管理

第十九条 纳税人、扣缴义务人按照有关法律、行政法规和国务院财政、税务主管部门的规定设置账簿，根据合法、有效凭证记账，进行核算。

第二十条 从事生产、经营的纳税人的财务、会计制度或者财务、会计处理办法和会计核算软件，应当报送税务机关备案。

纳税人、扣缴义务人的财务、会计制度或者财务、会计处理办法与国务院或者国务院财政、税务主管部门有关税收的规定抵触的，依照国务院或者国务院财政、税务主管部门有关税收的规定计算应纳税款、代扣代缴和代收代缴税款。

第二十一条 税务机关是发票的主管机关，负责发票印制、领购、开具、取得、保管、缴销的管理和监督。

单位、个人在购销商品、提供或者接受经营服务以及从事其他经营活动中，应当按照规定开具、使用、取得发票。

发票的管理办法由国务院规定。

第二十二条 增值税专用发票由国务院税务主管部

门指定的企业印制；其他发票，按照国务院税务主管部门的规定，分别由省、自治区、直辖市国家税务局、地方税务局指定企业印制。

未经前款规定的税务机关指定，不得印制发票。

第二十三条 国家根据税收征收管理的需要，积极推广使用税控装置。纳税人应当按照规定安装、使用税控装置，不得损毁或者擅自改动税控装置。

第二十四条 从事生产、经营的纳税人、扣缴义务人必须按照国务院财政、税务主管部门规定的保管期限保管账簿、记账凭证、完税凭证及其他有关资料。

账簿、记账凭证、完税凭证及其他有关资料不得伪造、变造或者擅自损毁。

第三节 纳税申报

第二十五条 纳税人必须依照法律、行政法规规定或者税务机关依照法律、行政法规的规定确定的申报期限、申报内容如实办理纳税申报，报送纳税申报表、财务会计报表以及税务机关根据实际需要要求纳税人报送的其他纳税资料。

扣缴义务人必须依照法律、行政法规规定或者税务机关依照法律、行政法规的规定确定的申报期限、申报内容如实报送代扣代缴、代收代缴税款报告表以及税务机关根据实际需要要求扣缴义务人报送的其他有关资料。

第二十六条 纳税人、扣缴义务人可以直接到税务机关办理纳税申报或者报送代扣代缴、代收代缴税款报告表，也可以按照规定采取邮寄、数据电文或者其他方式办理上述申报、报送事项。

第二十七条 纳税人、扣缴义务人不能按期办理纳税申报或者报送代扣代缴、代收代缴税款报告表的，经税务机关核准，可以延期申报。

经核准延期办理前款规定的申报、报送事项的，应当在纳税期内按照上期实际缴纳的税额或者税务机关核定的税额预缴税款，并在核准的延期内办理税款结算。

第三章 税款征收

第二十八条 税务机关依照法律、行政法规的规定征收税款，不得违反法律、行政法规的规定开征、停征、多征、少征、提前征收、延缓征收或者摊派税款。

农业税应纳税额按照法律、行政法规的规定核定。

第二十九条 除税务机关、税务人员以及经税务机关依照法律、行政法规委托的单位和人员外，任何单位和个人不得进行税款征收活动。

第三十条 扣缴义务人依照法律、行政法规的规定履行代扣、代收税款的义务。对法律、行政法规没有规定负有代扣、代收税款义务的单位和个人，税务机关不得要求其履行代扣、代收税款义务。

扣缴义务人依法履行代扣、代收税款义务时，纳税人不得拒绝。纳税人拒绝的，扣缴义务人应当及时报告税务机关处理。

税务机关按照规定付给扣缴义务人代扣、代收手续费。

第三十一条 纳税人、扣缴义务人按照法律、行政法规规定或者税务机关依照法律、行政法规的规定确定的期限，缴纳或者解缴税款。

纳税人因有特殊困难，不能按期缴纳税款的，经省、自治区、直辖市国家税务局、地方税务局批准，可以延期缴纳税款，但是最长不得超过三个月。

第三十二条 纳税人未按照规定期限缴纳税款的，扣缴义务人未按照规定期限解缴税款的，税务机关除责令限期缴纳外，从滞纳税款之日起，按日加收滞纳税款万分之五的滞纳金。

第三十三条 纳税人依照法律、行政法规的规定办理减税、免税。

地方各级人民政府、各级人民政府主管部门、单位和个人违反法律、行政法规规定，擅自作出的减税、免税决定无效，税务机关不得执行，并向上级税务机关报告。

第三十四条 税务机关征收税款时，必须给纳税人开具完税凭证。扣缴义务人代扣、代收税款时，纳税人要求扣缴义务人开具代扣、代收税款凭证的，扣缴义务人应当开具。

第三十五条 纳税人有下列情形之一的，税务机关有权核定其应纳税额：

（一）依照法律、行政法规的规定可以不设置账簿的；

（二）依照法律、行政法规的规定应当设置账簿但未设置的；

（三）擅自销毁账簿或者拒不提供纳税资料的；

（四）虽设置账簿，但账目混乱或者成本资料、收入凭证、费用凭证残缺不全，难以查账的；

（五）发生纳税义务，未按照规定的期限办理纳税申报，经税务机关责令限期申报，逾期仍不申报的；

（六）纳税人申报的计税依据明显偏低，又无正当理由的。

税务机关核定应纳税额的具体程序和方法由国务院税务主管部门规定。

第三十六条 企业或者外国企业在中国境内设立的从事生产、经营的机构、场所与其关联企业之间的业务往来，应当按照独立企业之间的业务往来收取或者支付价款、费用；不按照独立企业之间的业务往来收取或者支付价款、费用，而减少其应纳税的收入或者所得额的，税务机关有权进行合理调整。

第三十七条 对未按照规定办理税务登记的从事生产、经营的纳税人以及临时从事经营的纳税人，由税务机关核定其应纳税额，责令缴纳；不缴纳的，税务机关可以扣押其价值相当于应纳税款的商品、货物。扣押后缴纳应纳税款的，税务机关必须立即解除扣押，并归还所扣押的商品、货物；扣押后仍不缴纳应纳税款的，经县以上税务局（分局）局长批准，依法拍卖或者变卖所扣押的商品、货物，以拍卖或者变卖所得抵缴税款。

第三十八条 税务机关有根据认为从事生产、经营的纳税人有逃避纳税义务行为的，可以在规定的纳税期之前，责令限期缴纳应纳税款；在限期内发现纳税人有明显的转移、隐匿其应纳税的商品、货物以及其他财产或者应纳税的收入的迹象的，税务机关可以责成纳税人提供纳税担保。如果纳税人不能提供纳税担保，经县以上税务局（分局）局长批准，税务机关可以采取下列税收保全措施：

（一）书面通知纳税人开户银行或者其他金融机构冻结纳税人的金额相当于应纳税款的存款；

（二）扣押、查封纳税人的价值相当于应纳税款的商品、货物或者其他财产。

纳税人在前款规定的限期内缴纳税款的，税务机关必须立即解除税收保全措施；限期期满仍未缴纳税款的，经县以上税务局（分局）局长批准，税务机关可以书面通知纳税人开户银行或者其他金融机构从其冻结的存款中扣缴税款，或者依法拍卖或者变卖所扣押、查封的商品、货物或者其他财产，以拍卖或者变卖所得抵缴税款。

个人及其所扶养家属维持生活必需的住房和用品，不在税收保全措施的范围之内。

第三十九条 纳税人在限期内已缴纳税款，税务机关未立即解除税收保全措施，使纳税人的合法利益遭受损失的，税务机关应当承担赔偿责任。

第四十条 从事生产、经营的纳税人、扣缴义务人未按照规定的期限缴纳或者解缴税款，纳税担保人未按照规定的期限缴纳所担保的税款，由税务机关责令限期缴纳，逾期仍未缴纳的，经县以上税务局（分局）局长批准，税务机关可以采取下列强制执行措施：

（一）书面通知其开户银行或者其他金融机构从其存款中扣缴税款；

（二）扣押、查封、依法拍卖或者变卖其价值相当于应纳税款的商品、货物或者其他财产，以拍卖或者变卖所得抵缴税款。

税务机关采取强制执行措施时，对前款所列纳税人、扣缴义务人、纳税担保人未缴纳的滞纳金同时强制执行。

个人及其所扶养家属维持生活必需的住房和用品，不在强制执行措施的范围之内。

第四十一条 本法第三十七条、第三十八条、第四十条规定的采取税收保全措施、强制执行措施的权力，不得由法定的税务机关以外的单位和个人行使。

第四十二条 税务机关采取税收保全措施和强制执行措施必须依照法定权限和法定程序，不得查封、扣押纳税人个人及其所扶养家属维持生活必需的住房和用品。

第四十三条 税务机关滥用职权违法采取税收保全措施、强制执行措施，或者采取税收保全措施、强制执行措施不当，使纳税人、扣缴义务人或者纳税担保人的合法权益遭受损失的，应当依法承担赔偿责任。

第四十四条 欠缴税款的纳税人或者他的法定代表人需要出境的，应当在出境前向税务机关结清应纳税款、滞纳金或者提供担保。未结清税款、滞纳金，又不提供担保的，税务机关可以通知出境管理机关阻止其出境。

第四十五条 税务机关征收税款，税收优先于无担保债权，法律另有规定的除外；纳税人欠缴的税款发生在纳税人以其财产设定抵押、质押或者纳税人的财产被留置之前的，税收应当先于抵押权、质权、留置权执行。

纳税人欠缴税款，同时又被行政机关决定处以罚款、没收违法所得的，税收优先于罚款、没收违法所得。

税务机关应当对纳税人欠缴税款的情况定期予以公告。

第四十六条 纳税人有欠税情形而以其财产设定抵

押、质押的，应当向抵押权人、质权人说明其欠税情况。抵押权人、质权人可以请求税务机关提供有关的欠税情况。

第四十七条 税务机关扣押商品、货物或者其他财产时，必须开付收据；查封商品、货物或者其他财产时，必须开付清单。

第四十八条 纳税人有合并、分立情形的，应当向税务机关报告，并依法缴清税款。纳税人合并时未缴清税款的，应当由合并后的纳税人继续履行未履行的纳税义务；纳税人分立时未缴清税款的，分立后的纳税人对未履行的纳税义务应当承担连带责任。

第四十九条 欠缴税款数额较大的纳税人在处分其不动产或者大额资产之前，应当向税务机关报告。

第五十条 欠缴税款的纳税人因怠于行使到期债权，或者放弃到期债权，或者无偿转让财产，或者以明显不合理的低价转让财产而受让人知道该情形，对国家税收造成损害的，税务机关可以依照合同法第七十三条、第七十四条的规定行使代位权、撤销权。

税务机关依照前款规定行使代位权、撤销权的，不免除欠缴税款的纳税人尚未履行的纳税义务和应承担的法律责任。

第五十一条 纳税人超过应纳税额缴纳的税款，税务机关发现后应当立即退还；纳税人自结算缴纳税款之日起三年内发现的，可以向税务机关要求退还多缴的税款并加算银行同期存款利息，税务机关及时查实后应当立即退还；涉及从国库中退库的，依照法律、行政法规有关国库管理的规定退还。

第五十二条 因税务机关的责任，致使纳税人、扣缴义务人未缴或者少缴税款的，税务机关在三年内可以要求纳税人、扣缴义务人补缴税款，但是不得加收滞纳金。

因纳税人、扣缴义务人计算错误等失误，未缴或者少缴税款的，税务机关在三年内可以追征税款、滞纳金；有特殊情况的，追征期可以延长到五年。

对偷税、抗税、骗税的，税务机关追征其未缴或者少缴的税款、滞纳金或者所骗取的税款，不受前款规定期限的限制。

第五十三条 国家税务局和地方税务局应当按照国家规定的税收征收管理范围和税款入库预算级次，将征收的税款缴入国库。

对审计机关、财政机关依法查出的税收违法行为，税务机关应当根据有关机关的决定、意见书，依法将应收的税款、滞纳金按照税款入库预算级次缴入国库，并将结果及时回复有关机关。

第四章 税务检查

第五十四条 税务机关有权进行下列税务检查：

（一）检查纳税人的账簿、记账凭证、报表和有关资料，检查扣缴义务人代扣代缴、代收代缴税款账簿、记账凭证和有关资料；

（二）到纳税人的生产、经营场所和货物存放地检查纳税人应纳税的商品、货物或者其他财产，检查扣缴义务人与代扣代缴、代收代缴税款有关的经营情况；

（三）责成纳税人、扣缴义务人提供与纳税或者代扣代缴、代收代缴税款有关的文件、证明材料和有关资料；

（四）询问纳税人、扣缴义务人与纳税或者代扣代缴、代收代缴税款有关的问题和情况；

（五）到车站、码头、机场、邮政企业及其分支机构检查纳税人托运、邮寄应纳税商品、货物或者其他财产的有关单据、凭证和有关资料；

（六）经县以上税务局（分局）局长批准，凭全国统一格式的检查存款账户许可证明，查询从事生产、经营的纳税人、扣缴义务人在银行或者其他金融机构的存款账户。税务机关在调查税收违法案件时，经设区的市、自治州以上税务局（分局）局长批准，可以查询案件涉嫌人员的储蓄存款。税务机关查询所获得的资料，不得用于税收以外的用途。

第五十五条 税务机关对从事生产、经营的纳税人以前纳税期的纳税情况依法进行税务检查时，发现纳税人有逃避纳税义务行为，并有明显的转移、隐匿其应纳税的商品、货物以及其他财产或者应纳税的收入的迹象的，可以按照本法规定的批准权限采取税收保全措施或者强制执行措施。

第五十六条 纳税人、扣缴义务人必须接受税务机关依法进行的税务检查，如实反映情况，提供有关资料，不得拒绝、隐瞒。

第五十七条 税务机关依法进行税务检查时，有权向有关单位和个人调查纳税人、扣缴义务人和其他当事人与纳税或者代扣代缴、代收代缴税款有关的情况，有关单位和个人有义务向税务机关如实提供有关资料及证明材料。

第五十八条 税务机关调查税务违法案件时，对与案件有关的情况和资料，可以记录、录音、录像、照相和复制。

第五十九条 税务机关派出的人员进行税务检查时，应当出示税务检查证和税务检查通知书，并有责任为被检查人保守秘密；未出示税务检查证和税务检查通知书的，被检查人有权拒绝检查。

第五章　法律责任

第六十条　纳税人有下列行为之一的，由税务机关责令限期改正，可以处二千元以下的罚款；情节严重的，处二千元以上一万元以下的罚款：

（一）未按照规定的期限申报办理税务登记、变更或者注销登记的；

（二）未按照规定设置、保管账簿或者保管记账凭证和有关资料的；

（三）未按照规定将财务、会计制度或者财务、会计处理办法和会计核算软件报送税务机关备查的；

（四）未按照规定将其全部银行账号向税务机关报告的；

（五）未按照规定安装、使用税控装置，或者损毁或者擅自改动税控装置的。

纳税人不办理税务登记的，由税务机关责令限期改正；逾期不改正的，经税务机关提请，由工商行政管理机关吊销其营业执照。

纳税人未按照规定使用税务登记证件，或者转借、涂改、损毁、买卖、伪造税务登记证件的，处二千元以上一万元以下的罚款；情节严重的，处一万元以上五万元以下的罚款。

第六十一条 扣缴义务人未按照规定设置、保管代扣代缴、代收代缴税款账簿或者保管代扣代缴、代收代缴税款记账凭证及有关资料的，由税务机关责令限期改正，可以处二千元以下的罚款；情节严重的，处二千元以上五千元以下的罚款。

第六十二条 纳税人未按照规定的期限办理纳税申报和报送纳税资料的，或者扣缴义务人未按照规定的期限向税务机关报送代扣代缴、代收代缴税款报告表和有关资料的，由税务机关责令限期改正，可以处二千元以下的罚款；情节严重的，可以处二千元以上一万元以下的罚款。

第六十三条 纳税人伪造、变造、隐匿、擅自销毁账簿、记账凭证，或者在账簿上多列支出或者不列、少列收入，或者经税务机关通知申报而拒不申报或者进行虚假的纳税申报，不缴或者少缴应纳税款的，是偷税。对纳税人偷税的，由税务机关追缴其不缴或者少缴的税款、滞纳金，并处不缴或者少缴的税款百分之五十以上五倍以下的罚款；构成犯罪的，依法追究刑事责任。

扣缴义务人采取前款所列手段，不缴或者少缴已扣、已收税款，由税务机关追缴其不缴或者少缴的税款、滞纳金，并处不缴或者少缴的税款百分之五十以上五倍以下的罚款；构成犯罪的，依法追究刑事责任。

第六十四条 纳税人、扣缴义务人编造虚假计税依据的，由税务机关责令限期改正，并处五万元以下的罚款。

纳税人不进行纳税申报，不缴或者少缴应纳税款的，由税务机关追缴其不缴或者少缴的税款、滞纳金，并处不缴或者少缴的税款百分之五十以上五倍以下的罚款。

第六十五条 纳税人欠缴应纳税款，采取转移或者隐匿财产的手段，妨碍税务机关追缴欠缴的税款的，由税务机关追缴欠缴的税款、滞纳金，并处欠缴税款百分之五十以上五倍以下的罚款；构成犯罪的，依法追究刑事责任。

第六十六条 以假报出口或者其他欺骗手段，骗取国家出口退税款的，由税务机关追缴其骗取的退税款，并处骗取税款一倍以上五倍以下的罚款；构成犯罪的，依法追究刑事责任。

对骗取国家出口退税款的，税务机关可以在规定期间内停止为其办理出口退税。

第六十七条 以暴力、威胁方法拒不缴纳税款的，是抗税，除由税务机关追缴其拒缴的税款、滞纳金外，依法追究刑事责任。情节轻微，未构成犯罪的，由税务机关追缴其拒缴的税款、滞纳金，并处拒缴税款一倍以上五倍以下的罚款。

第六十八条 纳税人、扣缴义务人在规定期限内不缴或者少缴应纳或者应解缴的税款，经税务机关责令限期缴纳，逾期仍未缴纳的，税务机关除依照本法第四十条的规定采取强制执行措施追缴其不缴或者少缴的税款外，可以处不缴或者少缴的税款百分之五十以上五倍以下的罚款。

第六十九条 扣缴义务人应扣未扣、应收而不收税款的，由税务机关向纳税人追缴税款，对扣缴义务人处应扣未扣、应收未收税款百分之五十以上三倍以下的罚款。

第七十条 纳税人、扣缴义务人逃避、拒绝或者以其他方式阻挠税务机关检查的，由税务机关责令改正，可以处一万元以下的罚款；情节严重的，处一万元以上五万元以下的罚款。

第七十一条 违反本法第二十二条规定，非法印制发票的，由税务机关销毁非法印制的发票，没收违法所得和作案工具，并处一万元以上五万元以下的罚款；构成犯罪的，依法追究刑事责任。

第七十二条 从事生产、经营的纳税人、扣缴义务人有本法规定的税收违法行为，拒不接受税务机关处理的，税务机关可以收缴其发票或者停止向其发售发票。

第七十三条 纳税人、扣缴义务人的开户银行或者其他金融机构拒绝接受税务机关依法检查纳税人、扣缴义务人存款账户，或者拒绝执行税务机关作出的冻结存款或者扣缴税款的决定，或者在接到税务机关的书面通知后帮助纳税人、扣缴义务人转移存款，造成税款流失的，由税务机关处十万元以上五十万元以下的罚款，对直接负责的主管人员和其他直接责任人员处一千元以上一万元以下的罚款。

第七十四条 本法规定的行政处罚，罚款额在二千元以下的，可以由税务所决定。

第七十五条 税务机关和司法机关的涉税罚没收入，应当按照税款入库预算级次上缴国库。

第七十六条 税务机关违反规定擅自改变税收征收管理范围和税款入库预算级次的，责令限期改正，对直接负责的主管人员和其他直接责任人员依法给予降级或者撤职的行政处分。

第七十七条 纳税人、扣缴义务人有本法第六十三条、第六十五条、第六十六条、第六十七条、第七十一条规定的行为涉嫌犯罪的，税务机关应当依法移交司法机关追究刑事责任。

税务人员徇私舞弊，对依法应当移交司法机关追究刑事责任的不移交，情节严重的，依法追究刑事责任。

第七十八条 未经税务机关依法委托征收税款的，责令退还收取的财物，依法给予行政处分或者行政处罚；致使他人合法权益受到损失的，依法承担赔偿责任；构成犯罪的，依法追究刑事责任。

第七十九条 税务机关、税务人员查封、扣押纳税人个人及其所扶养家属维持生活必需的住房和用品的，责令退还，依法给予行政处分；构成犯罪的，依法追究刑事责任。

第八十条 税务人员与纳税人、扣缴义务人勾结，唆使或者协助纳税人、扣缴义务人有本法第六十三条、第六十五条、第六十六条规定的行为，构成犯罪的，依法追究刑事责任；尚不构成犯罪的，依法给予行政处分。

第八十一条 税务人员利用职务上的便利，收受或者索取纳税人、扣缴义务人财物或者谋取其他不正当利益，构成犯罪的，依法追究刑事责任；尚不构成犯罪的，依法给予行政处分。

第八十二条 税务人员徇私舞弊或者玩忽职守，不征或者少征应征税款，致使国家税收遭受重大损失，构成犯罪的，依法追究刑事责任；尚不构成犯罪的，依法给予行政处分。

税务人员滥用职权，故意刁难纳税人、扣缴义务人的，调离税收工作岗位，并依法给予行政处分。

税务人员对控告、检举税收违法违纪行为的纳税人、扣缴义务人以及其他检举人进行打击报复的，依法给予行政处分；构成犯罪的，依法追究刑事责任。

税务人员违反法律、行政法规的规定，故意高估或者低估农业税计税产量，致使多征或者少征税款，侵犯农民合法权益或者损害国家利益，构成犯罪的，依法追究刑事责任；尚不构成犯罪的，依法给予行政处分。

第八十三条 违反法律、行政法规的规定提前征收、延缓征收或者摊派税款的，由其上级机关或者行政监察机关责令改正，对直接负责的主管人员和其他直接责任人员依法给予行政处分。

第八十四条 违反法律、行政法规的规定，擅自作出税收的开征、停征或者减税、免税、退税、补税以及其他同税收法律、行政法规相抵触的决定的，除依照本法规定撤销其擅自作出的决定外，补征应征未征税款，退还不应征收而征收的税款，并由上级机关追究直接负责的主管人员和其他直接责任人员的行政责任；构成犯罪的，依法追究刑事责任。

第八十五条 税务人员在征收税款或者查处税收违法案件时，未按照本法规定进行回避的，对直接负责的主管人员和其他直接责任人员，依法给予行政处分。

第八十六条 违反税收法律、行政法规应当给予行政处罚的行为，在五年内未被发现的，不再给予行政处罚。

第八十七条 未按照本法规定为纳税人、扣缴义务人、检举人保密的，对直接负责的主管人员和其他直接责任人员，由所在单位或者有关单位依法给予行政处分。

第八十八条 纳税人、扣缴义务人、纳税担保人同税务机关在纳税上发生争议时，必须先依照税务机关的纳税决定缴纳或者解缴税款及滞纳金或者提供相应的担保，然后可以依法申请行政复议；对行政复议决定不服的，可以依法向人民法院起诉。

当事人对税务机关的处罚决定、强制执行措施或者税收保全措施不服的，可以依法申请行政复议，也可以依法向人民法院起诉。

当事人对税务机关的处罚决定逾期不申请行政复议也不向人民法院起诉、又不履行的，作出处罚决定的税务机关可以采取本法第四十条规定的强制执行措施，或者申请人民法院强制执行。

第六章　附　则

第八十九条　纳税人、扣缴义务人可以委托税务代理人代为办理税务事宜。

第九十条　耕地占用税、契税、农业税、牧业税征收管理的具体办法，由国务院另行制定。

关税及海关代征税收的征收管理，依照法律、行政法规的有关规定执行。

第九十一条　中华人民共和国同外国缔结的有关税收的条约、协定同本法有不同规定的，依照条约、协定的规定办理。

第九十二条　本法施行前颁布的税收法律与本法有

不同规定的，适用本法规定。

第九十三条 国务院根据本法制定实施细则。

第九十四条 本法自2001年5月1日起施行。

中华人民共和国环境保护法

（1989 年 12 月 26 日第七届全国人民代表大会常务委员会第十一次会议通过，2014 年 4 月 24 日第十二届全国人民代表大会常务委员会第八次会议修订）

第一章 总 则

第一条 为保护和改善环境，防治污染和其他公害，保障公众健康，推进生态文明建设，促进经济社会可持续发展，制定本法。

第二条 本法所称环境，是指影响人类生存和发展的各种天然的和经过人工改造的自然因素的总体，包括大气、水、海洋、土地、矿藏、森林、草原、湿地、野生生物、自然遗迹、人文遗迹、自然保护区、风景名胜区、城市和乡村等。

第三条 本法适用于中华人民共和国领域和中华人民共和国管辖的其他海域。

第四条 保护环境是国家的基本国策。

国家采取有利于节约和循环利用资源、保护和改善环境、促进人与自然和谐的经济、技术政策和措施，使经济社会发展与环境保护相协调。

第五条 环境保护坚持保护优先、预防为主、综合治理、公众参与、损害担责的原则。

第六条 一切单位和个人都有保护环境的义务。

地方各级人民政府应当对本行政区域的环境质量负责。

企业事业单位和其他生产经营者应当防止、减少环境污染和生态破坏，对所造成的损害依法承担责任。

公民应当增强环境保护意识，采取低碳、节俭的生活方式，自觉履行环境保护义务。

第七条 国家支持环境保护科学技术研究、开发和应用，鼓励环境保护产业发展，促进环境保护信息化建设，提高环境保护科学技术水平。

第八条 各级人民政府应当加大保护和改善环境、防治污染和其他公害的财政投入，提高财政资金的使用效益。

第九条 各级人民政府应当加强环境保护宣传和普及工作，鼓励基层群众性自治组织、社会组织、环境保护志愿者开展环境保护法律法规和环境保护知识的宣传，营造保护环境的良好风气。

教育行政部门、学校应当将环境保护知识纳入学校教育内容，培养学生的环境保护意识。

新闻媒体应当开展环境保护法律法规和环境保护知识的宣传，对环境违法行为进行舆论监督。

第十条 国务院环境保护主管部门，对全国环境保护工作实施统一监督管理；县级以上地方人民政府环境保护主管部门，对本行政区域环境保护工作实施统一监督管理。

县级以上人民政府有关部门和军队环境保护部门，依照有关法律的规定对资源保护和污染防治等环境保护工作实施监督管理。

第十一条 对保护和改善环境有显著成绩的单位和个人，由人民政府给予奖励。

第十二条 每年6月5日为环境日。

第二章 监督管理

第十三条 县级以上人民政府应当将环境保护工作纳入国民经济和社会发展规划。

国务院环境保护主管部门会同有关部门，根据国民经济和社会发展规划编制国家环境保护规划，报国务院批准并公布实施。

县级以上地方人民政府环境保护主管部门会同有关

部门，根据国家环境保护规划的要求，编制本行政区域的环境保护规划，报同级人民政府批准并公布实施。

环境保护规划的内容应当包括生态保护和污染防治的目标、任务、保障措施等，并与主体功能区规划、土地利用总体规划和城乡规划等相衔接。

第十四条 国务院有关部门和省、自治区、直辖市人民政府组织制定经济、技术政策，应当充分考虑对环境的影响，听取有关方面和专家的意见。

第十五条 国务院环境保护主管部门制定国家环境质量标准。

省、自治区、直辖市人民政府对国家环境质量标准中未作规定的项目，可以制定地方环境质量标准；对国家环境质量标准中已作规定的项目，可以制定严于国家环境质量标准的地方环境质量标准。地方环境质量标准应当报国务院环境保护主管部门备案。

国家鼓励开展环境基准研究。

第十六条 国务院环境保护主管部门根据国家环境质量标准和国家经济、技术条件，制定国家污染物排放标准。

省、自治区、直辖市人民政府对国家污染物排放标准中未作规定的项目，可以制定地方污染物排放标准；对国家污染物排放标准中已作规定的项目，可以制定严于国家污染物排放标准的地方污染物排放标准。地方污染物排放标准应当报国务院环境保护主管部门备案。

第十七条 国家建立、健全环境监测制度。国务院环境保护主管部门制定监测规范，会同有关部门组织监测网络，统一规划国家环境质量监测站（点）的设置，建立监测数据共享机制，加强对环境监测的管理。

有关行业、专业等各类环境质量监测站（点）的设置应当符合法律法规规定和监测规范的要求。

监测机构应当使用符合国家标准的监测设备，遵守监测规范。监测机构及其负责人对监测数据的真实性和准确性负责。

第十八条 省级以上人民政府应当组织有关部门或者委托专业机构，对环境状况进行调查、评价，建立环境资源承载能力监测预警机制。

第十九条 编制有关开发利用规划，建设对环境有影响的项目，应当依法进行环境影响评价。

未依法进行环境影响评价的开发利用规划，不得组织实施；未依法进行环境影响评价的建设项目，不得开工建设。

第二十条 国家建立跨行政区域的重点区域、流域环境污染和生态破坏联合防治协调机制，实行统一规划、统一标准、统一监测、统一的防治措施。

前款规定以外的跨行政区域的环境污染和生态破坏的防治，由上级人民政府协调解决，或者由有关地方人民政府协商解决。

第二十一条 国家采取财政、税收、价格、政府采购等方面的政策和措施，鼓励和支持环境保护技术装备、资源综合利用和环境服务等环境保护产业的发展。

第二十二条 企业事业单位和其他生产经营者，在污染物排放符合法定要求的基础上，进一步减少污染物排放的，人民政府应当依法采取财政、税收、价格、政府采购等方面的政策和措施予以鼓励和支持。

第二十三条 企业事业单位和其他生产经营者，为改善环境，依照有关规定转产、搬迁、关闭的，人民政府应当予以支持。

第二十四条 县级以上人民政府环境保护主管部门及其委托的环境监察机构和其他负有环境保护监督管理职责的部门，有权对排放污染物的企业事业单位和其他生产经营者进行现场检查。被检查者应当如实反映情况，提供必要的资料。实施现场检查的部门、机构及其工作人员应当为被检查者保守商业秘密。

第二十五条 企业事业单位和其他生产经营者违反法律法规规定排放污染物，造成或者可能造成严重污染的，县级以上人民政府环境保护主管部门和其他负有环境保护监督管理职责的部门，可以查封、扣押造成污染物排放的设施、设备。

第二十六条 国家实行环境保护目标责任制和考核

评价制度。县级以上人民政府应当将环境保护目标完成情况纳入对本级人民政府负有环境保护监督管理职责的部门及其负责人和下级人民政府及其负责人的考核内容，作为对其考核评价的重要依据。考核结果应当向社会公开。

第二十七条 县级以上人民政府应当每年向本级人民代表大会或者人民代表大会常务委员会报告环境状况和环境保护目标完成情况，对发生的重大环境事件应当及时向本级人民代表大会常务委员会报告，依法接受监督。

第三章 保护和改善环境

第二十八条 地方各级人民政府应当根据环境保护目标和治理任务，采取有效措施，改善环境质量。

未达到国家环境质量标准的重点区域、流域的有关地方人民政府，应当制定限期达标规划，并采取措施按期达标。

第二十九条 国家在重点生态功能区、生态环境敏感区和脆弱区等区域划定生态保护红线，实行严格保护。

各级人民政府对具有代表性的各种类型的自然生态系统区域，珍稀、濒危的野生动植物自然分布区域，重要的水源涵养区域，具有重大科学文化价值的地质构造、著名溶洞和化石分布区、冰川、火山、温泉等自然遗迹，以及人文遗迹、古树名木，应当采取措施予以保护，严禁破坏。

第三十条 开发利用自然资源，应当合理开发，保护生物多样性，保障生态安全，依法制定有关生态保护和恢复治理方案并予以实施。

引进外来物种以及研究、开发和利用生物技术，应当采取措施，防止对生物多样性的破坏。

第三十一条 国家建立、健全生态保护补偿制度。

国家加大对生态保护地区的财政转移支付力度。有关地方人民政府应当落实生态保护补偿资金，确保其用于生态保护补偿。

国家指导受益地区和生态保护地区人民政府通过协商或者按照市场规则进行生态保护补偿。

第三十二条 国家加强对大气、水、土壤等的保护，建立和完善相应的调查、监测、评估和修复制度。

第三十三条 各级人民政府应当加强对农业环境的保护，促进农业环境保护新技术的使用，加强对农业污染源的监测预警，统筹有关部门采取措施，防治土壤污染和土地沙化、盐渍化、贫瘠化、石漠化、地面沉降以及防治植被破坏、水土流失、水体富营养化、水源枯竭、种源灭绝等生态失调现象，推广植物病虫害的综合防治。

县级、乡级人民政府应当提高农村环境保护公共服务水平，推动农村环境综合整治。

第三十四条 国务院和沿海地方各级人民政府应当加强对海洋环境的保护。向海洋排放污染物、倾倒废弃物，进行海岸工程和海洋工程建设，应当符合法律法规规定和有关标准，防止和减少对海洋环境的污染损害。

第三十五条 城乡建设应当结合当地自然环境的特点，保护植被、水域和自然景观，加强城市园林、绿地和风景名胜区的建设与管理。

第三十六条 国家鼓励和引导公民、法人和其他组织使用有利于保护环境的产品和再生产品，减少废弃物的产生。

国家机关和使用财政资金的其他组织应当优先采购和使用节能、节水、节材等有利于保护环境的产品、设备和设施。

第三十七条 地方各级人民政府应当采取措施，组织对生活废弃物的分类处置、回收利用。

第三十八条 公民应当遵守环境保护法律法规，配合实施环境保护措施，按照规定对生活废弃物进行分类放置，减少日常生活对环境造成的损害。

第三十九条 国家建立、健全环境与健康监测、调查和风险评估制度；鼓励和组织开展环境质量对公众健康影响的研究，采取措施预防和控制与环境污染有关的疾病。

第四章 防治污染和其他公害

第四十条 国家促进清洁生产和资源循环利用。

国务院有关部门和地方各级人民政府应当采取措施，推广清洁能源的生产和使用。

企业应当优先使用清洁能源，采用资源利用率高、污染物排放量少的工艺、设备以及废弃物综合利用技术和污染物无害化处理技术，减少污染物的产生。

第四十一条 建设项目中防治污染的设施，应当与主体工程同时设计、同时施工、同时投产使用。防治污染的设施应当符合经批准的环境影响评价文件的要求，不得擅自拆除或者闲置。

第四十二条 排放污染物的企业事业单位和其他生产经营者，应当采取措施，防治在生产建设或者其他活动中产生的废气、废水、废渣、医疗废物、粉尘、恶臭气体、放射性物质以及噪声、振动、光辐射、电磁辐射等对环境的污染和危害。

排放污染物的企业事业单位，应当建立环境保护责任制度，明确单位负责人和相关人员的责任。

重点排污单位应当按照国家有关规定和监测规范安装使用监测设备，保证监测设备正常运行，保存原始监测记录。

严禁通过暗管、渗井、渗坑、灌注或者篡改、伪造监测数据，或者不正常运行防治污染设施等逃避监管的方式违法排放污染物。

第四十三条 排放污染物的企业事业单位和其他生产经营者，应当按照国家有关规定缴纳排污费。排污费应当全部专项用于环境污染防治，任何单位和个人不得截留、挤占或者挪作他用。

依照法律规定征收环境保护税的，不再征收排污费。

第四十四条 国家实行重点污染物排放总量控制制度。重点污染物排放总量控制指标由国务院下达，省、自治区、直辖市人民政府分解落实。企业事业单位在执行国家和地方污染物排放标准的同时，应当遵守分解落实到本单位的重点污染物排放总量控制指标。

对超过国家重点污染物排放总量控制指标或者未完成国家确定的环境质量目标的地区，省级以上人民政府环境保护主管部门应当暂停审批其新增重点污染物排放总量的建设项目环境影响评价文件。

第四十五条 国家依照法律规定实行排污许可管理制度。

实行排污许可管理的企业事业单位和其他生产经营者应当按照排污许可证的要求排放污染物；未取得排污许可证的，不得排放污染物。

第四十六条 国家对严重污染环境的工艺、设备和产品实行淘汰制度。任何单位和个人不得生产、销售或者转移、使用严重污染环境的工艺、设备和产品。

禁止引进不符合我国环境保护规定的技术、设备、材料和产品。

第四十七条 各级人民政府及其有关部门和企业事业单位，应当依照《中华人民共和国突发事件应对法》的规定，做好突发环境事件的风险控制、应急准备、应急处置和事后恢复等工作。

县级以上人民政府应当建立环境污染公共监测预警机制，组织制定预警方案；环境受到污染，可能影响公众健康和环境安全时，依法及时公布预警信息，启动应急措施。

企业事业单位应当按照国家有关规定制定突发环境事件应急预案，报环境保护主管部门和有关部门备案。在发生或者可能发生突发环境事件时，企业事业单位应当立即采取措施处理，及时通报可能受到危害的单位和居民，并向环境保护主管部门和有关部门报告。

突发环境事件应急处置工作结束后，有关人民政府应当立即组织评估事件造成的环境影响和损失，并及时将评估结果向社会公布。

第四十八条 生产、储存、运输、销售、使用、处置化学物品和含有放射性物质的物品，应当遵守国家有关规定，防止污染环境。

第四十九条 各级人民政府及其农业等有关部门和机构应当指导农业生产经营者科学种植和养殖，科学合理施用农药、化肥等农业投入品，科学处置农用薄膜、农作物秸秆等农业废弃物，防止农业面源污染。

禁止将不符合农用标准和环境保护标准的固体废物、废水施入农田。施用农药、化肥等农业投入品及进行灌溉，应当采取措施，防止重金属和其他有毒有害物质污染环境。

畜禽养殖场、养殖小区、定点屠宰企业等的选址、建设和管理应当符合有关法律法规规定。从事畜禽养殖和屠宰的单位和个人应当采取措施，对畜禽粪便、尸体和污水等废弃物进行科学处置，防止污染环境。

县级人民政府负责组织农村生活废弃物的处置工作。

第五十条 各级人民政府应当在财政预算中安排资金，支持农村饮用水水源地保护、生活污水和其他废弃物处理、畜禽养殖和屠宰污染防治、土壤污染防治和农村工矿污染治理等环境保护工作。

第五十一条 各级人民政府应当统筹城乡建设污水处理设施及配套管网，固体废物的收集、运输和处置等环境卫生设施，危险废物集中处置设施、场所以及其他环境保护公共设施，并保障其正常运行。

第五十二条 国家鼓励投保环境污染责任保险。

第五章 信息公开和公众参与

第五十三条 公民、法人和其他组织依法享有获取环境信息、参与和监督环境保护的权利。

各级人民政府环境保护主管部门和其他负有环境保护监督管理职责的部门，应当依法公开环境信息、完善公众参与程序，为公民、法人和其他组织参与和监督环境保护提供便利。

第五十四条 国务院环境保护主管部门统一发布国家环境质量、重点污染源监测信息及其他重大环境信息。省级以上人民政府环境保护主管部门定期发布环境状况公报。

县级以上人民政府环境保护主管部门和其他负有环境保护监督管理职责的部门，应当依法公开环境质量、环境监测、突发环境事件以及环境行政许可、行政处罚、排污费的征收和使用情况等信息。

县级以上地方人民政府环境保护主管部门和其他负有环境保护监督管理职责的部门，应当将企业事业单位和其他生产经营者的环境违法信息记入社会诚信档案，及时向社会公布违法者名单。

第五十五条 重点排污单位应当如实向社会公开其主要污染物的名称、排放方式、排放浓度和总量、超标排放情况，以及防治污染设施的建设和运行情况，接受社会监督。

第五十六条　对依法应当编制环境影响报告书的建设项目，建设单位应当在编制时向可能受影响的公众说明情况，充分征求意见。

负责审批建设项目环境影响评价文件的部门在收到建设项目环境影响报告书后，除涉及国家秘密和商业秘密的事项外，应当全文公开；发现建设项目未充分征求公众意见的，应当责成建设单位征求公众意见。

第五十七条　公民、法人和其他组织发现任何单位和个人有污染环境和破坏生态行为的，有权向环境保护主管部门或者其他负有环境保护监督管理职责的部门举报。

公民、法人和其他组织发现地方各级人民政府、县级以上人民政府环境保护主管部门和其他负有环境保护监督管理职责的部门不依法履行职责的，有权向其上级机关或者监察机关举报。

接受举报的机关应当对举报人的相关信息予以保密，保护举报人的合法权益。

第五十八条　对污染环境、破坏生态，损害社会公共利益的行为，符合下列条件的社会组织可以向人民法院提起诉讼：

（一）依法在设区的市级以上人民政府民政部门

登记；

（二）专门从事环境保护公益活动连续五年以上且无违法记录。

符合前款规定的社会组织向人民法院提起诉讼，人民法院应当依法受理。

提起诉讼的社会组织不得通过诉讼牟取经济利益。

第六章　法律责任

第五十九条　企业事业单位和其他生产经营者违法排放污染物，受到罚款处罚，被责令改正，拒不改正的，依法作出处罚决定的行政机关可以自责令改正之日的次日起，按照原处罚数额按日连续处罚。

前款规定的罚款处罚，依照有关法律法规按照防治污染设施的运行成本、违法行为造成的直接损失或者违法所得等因素确定的规定执行。

地方性法规可以根据环境保护的实际需要，增加第一款规定的按日连续处罚的违法行为的种类。

第六十条　企业事业单位和其他生产经营者超过污染物排放标准或者超过重点污染物排放总量控制指标排放污染物的，县级以上人民政府环境保护主管部门可以责令其采取限制生产、停产整治等措施；情节严重的，报经有批准权的人民政府批准，责令停业、关闭。

第六十一条 建设单位未依法提交建设项目环境影响评价文件或者环境影响评价文件未经批准，擅自开工建设的，由负有环境保护监督管理职责的部门责令停止建设，处以罚款，并可以责令恢复原状。

第六十二条 违反本法规定，重点排污单位不公开或者不如实公开环境信息的，由县级以上地方人民政府环境保护主管部门责令公开，处以罚款，并予以公告。

第六十三条 企业事业单位和其他生产经营者有下列行为之一，尚不构成犯罪的，除依照有关法律法规规定予以处罚外，由县级以上人民政府环境保护主管部门或者其他有关部门将案件移送公安机关，对其直接负责的主管人员和其他直接责任人员，处十日以上十五日以下拘留；情节较轻的，处五日以上十日以下拘留：

（一）建设项目未依法进行环境影响评价，被责令停止建设，拒不执行的；

（二）违反法律规定，未取得排污许可证排放污染物，被责令停止排污，拒不执行的；

（三）通过暗管、渗井、渗坑、灌注或者篡改、伪造监测数据，或者不正常运行防治污染设施等逃避监管的方式违法排放污染物的；

（四）生产、使用国家明令禁止生产、使用的农药，被责令改正，拒不改正的。

第六十四条 因污染环境和破坏生态造成损害的，

应当依照《中华人民共和国侵权责任法》的有关规定承担侵权责任。

第六十五条 环境影响评价机构、环境监测机构以及从事环境监测设备和防治污染设施维护、运营的机构，在有关环境服务活动中弄虚作假，对造成的环境污染和生态破坏负有责任的，除依照有关法律法规规定予以处罚外，还应当与造成环境污染和生态破坏的其他责任者承担连带责任。

第六十六条 提起环境损害赔偿诉讼的时效期间为三年，从当事人知道或者应当知道其受到损害时起计算。

第六十七条 上级人民政府及其环境保护主管部门应当加强对下级人民政府及其有关部门环境保护工作的监督。发现有关工作人员有违法行为，依法应当给予处分的，应当向其任免机关或者监察机关提出处分建议。

依法应当给予行政处罚，而有关环境保护主管部门不给予行政处罚的，上级人民政府环境保护主管部门可以直接作出行政处罚的决定。

第六十八条 地方各级人民政府、县级以上人民政府环境保护主管部门和其他负有环境保护监督管理职责的部门有下列行为之一的，对直接负责的主管人员和其他直接责任人员给予记过、记大过或者降级处分；造成严重后果的，给予撤职或者开除处分，其主要负责人应当引咎辞职：

（一）不符合行政许可条件准予行政许可的；

（二）对环境违法行为进行包庇的；

（三）依法应当作出责令停业、关闭的决定而未作出的；

（四）对超标排放污染物、采用逃避监管的方式排放污染物、造成环境事故以及不落实生态保护措施造成生态破坏等行为，发现或者接到举报未及时查处的；

（五）违反本法规定，查封、扣押企业事业单位和其他生产经营者的设施、设备的；

（六）篡改、伪造或者指使篡改、伪造监测数据的；

（七）应当依法公开环境信息而未公开的；

（八）将征收的排污费截留、挤占或者挪作他用的；

（九）法律法规规定的其他违法行为。

第六十九条 违反本法规定，构成犯罪的，依法追究刑事责任。

第七章 附 则

第七十条 本法自 2015 年 1 月 1 日起施行。